图书馆阅读推广策略与方法研究

吕林珊 著

吉林摄影出版社
·长春·

图书在版编目（CIP）数据

图书馆阅读推广策略与方法研究 / 吕林珊著. —— 长春：吉林摄影出版社, 2023.10
ISBN 978-7-5498-6005-0

Ⅰ.①图… Ⅱ.①吕… Ⅲ.①图书馆－读书活动－研究 Ⅳ.①G252.17

中国国家版本馆CIP数据核字(2023)第195326号

图书馆阅读推广策略与方法研究
TUSHUGUAN YUEDU TUIGUANG CELÜE YU FANGFA YANJIU

著　　者	吕林珊
出 版 人	车　强
责任编辑	王维夏
封面设计	文　亮
开　　本	787毫米×1092毫米　1/16
字　　数	220千字
印　　张	10.25
版　　次	2023年10月第1版
印　　次	2023年10月第1次印刷
出　　版	吉林摄影出版社
发　　行	吉林摄影出版社
地　　址	长春市净月高新技术开发区福祉大路5788号
	邮编：130118
网　　址	www.jlsycbs.net
电　　话	总编办：0431-81629821
	发行科：0431-81629829
印　　刷	河北创联印刷有限公司

书　　号　ISBN 978-7-5498-6005-0　　　　定　价：56.00元
版权所有　　侵权必究

前言

在当今信息技术高度发达和大数据普及的数字时代，人们的阅读行为和习惯发生了巨大变化。尽管如此，图书馆作为传统的知识传播和文化交流中心，依然扮演着重要的角色。图书馆不仅可以提供各种纸质和电子资源，还可以成为社区教育、文化活动和信息咨询的重要场所。

高校图书馆秉承"以人为本、读者至上"的理念开展阅读推广服务，载体多样化、渠道多元化，创新应用多项新技术，既能专业化阅读又能主题阅读，对于特定文献，甚至可以提供一对一辅导的个性化服务。图书馆组织开展有声阅读、读书沙龙等交流活动，开展创客、制作、书画的各类手工制作活动，提供舞台场地设施，组织开展表演、讲座或展览活动，达到促进学生扩大阅读范围，将知识生动形象地传递给学生的目的。

高校图书馆的文化建设也促使图书馆能够成为服务好广大师生的精神乐园。高校的育人功能，在一定程度上离不开高校图书馆的文化建设水平。如何提高高校图书馆文化建设的社会影响力，发挥其文化育人功能，具有重要的现实意义。

图书馆的文化建设对于高校的文化育人来说是非常有价值、有影响力的，高校图书馆在高校的办学能力上扮演了一种十分重要的角色，持续地关注图书馆的育人氛围，要根据自身馆藏的优势，高效地利用各种特色资源服务，加快开展个性化服务，为校园文化建设做出贡献。总之，建设高标准的文化育人环境，更加专业地服务好广大教师和学生，增强服务意识，不断推动图书馆文化建设，使图书馆文化建设在校园文化建设中发挥引领作用，是高校图书馆文化建设的不断追求。

由于笔者水平有限，时间仓促，书中不足之处在所难免，恳请各位读者、专家不吝赐教。

目 录

第一章 图书馆阅读推广的基本理论 ... 1
第一节 阅读 ... 1
第二节 高校图书馆的阅读管理 ... 7
第三节 阅读推广 ... 13
第四节 高校图书馆的阅读推广 ... 17
第五节 高校图书馆阅读推广的现状 ... 23
第六节 高校图书馆的阅读推广服务 ... 28

第二章 大数据背景下的阅读推广策略 ... 35
第一节 大数据环境 ... 35
第二节 大数据背景下的阅读推广内涵 ... 41
第三节 大数据背景下的阅读推广模式 ... 46
第四节 大数据背景下的阅读推广案例 ... 52

第三章 高校图书馆阅读推广与活动评价 ... 59
第一节 开展阅读推广活动的可行性分析 ... 59
第二节 推广主客体的作用与基本保障 ... 64
第三节 阅读推广活动策略探究 ... 77
第四节 阅读推广活动的策划 ... 79
第五节 推广活动评价 ... 93

第四章 高校图书馆的文化建设 ... 96
第一节 图书馆环境文化建设 ... 96

第二节	图书馆节能绿色设计	102
第三节	图书馆文化管理	105
第四节	建筑庭空间环境构成与氛围营造	108

第五章　高校图书馆文化育人 112

第一节	文化育人功能	112
第二节	文化育人的核心价值	117
第三节	主题馆建设与图书馆文化育人	122
第四节	智慧阅读与图书馆文化育人	129
第五节	文化自觉	133

第六章　高校图书馆文化育人的创新研究 138

第一节	高校图书馆物质文化育人	138
第二节	"三全育人"与图书馆校园文化建设	144
第三节	高校图书馆的资源价值挖掘	149
第四节	文化育人服务体系	152

参考文献 158

第一章　图书馆阅读推广的基本理论

第一节　阅读

人需要阅读，因为阅读可以在他人的经验中获得更加丰富的人生体验并提升心灵境界。对于大学生而言，阅读更是获得知识、完善人性的重要途径。

一、阅读概述

（一）阅读的内涵与意义

1. 阅读的内涵

阅读，基本意义是看书、看报，并理解其中的意思。这个解释说明了阅读具备的三个要素：一是能看的"人"，这个"人"有基本的视力条件，有识字能力；二是有可看的"物"，这个"物"是由文字或图画等构成的书籍、报刊等；三是有一般理解能力的"人"，也就是要求这个"人"有一定的文字认知能力，有一定的知识积累，还要有一定的思维能力。阅读关系中的"物"通常叫作"读物"，而其中的"人"通常叫作"读者"。

2. 阅读的意义

（1）阅读是生而为人最基本的社会活动。一个人的成长过程，就是一个不断学习的过程，在这个过程中不断地感知和认识社会。这期间，有大人的搀扶、教育，也有自己的模仿、学习。一个孩子学习读图，便开始了他的阅读生涯。通过阅读，孩子逐渐独立认识更加丰富的世界，也在不断地适应生活、学会生活，最终独立生活。所以，阅读是一个人成长过程中乃至生存过程中最基本的社会活动之一。

（2）阅读是生而为人最基本的精神需要。"一个人的阅读史，就是他的精神发育史。"阅读的意义不仅让人获得更多新知，更重要的是让人从前人身上获得前行的方向、战胜困难的勇气、坚定的意志和高尚的德行等精神启迪。因此，阅读需要是人类精神需要的一部分，它既是一种社会需要，又是一种心理需要，是人的内心和谐发展和精神健康成长的有力保障。

（3）阅读是生而为人最基本的文化权利。阅读是一个人精神生活的延续，是社会道德和精神文明的传承，社会就应该为人类提供最基本的阅读条件，创造更加优越的阅读环境，这些是文明社会赋予人的基本文化权利。

（4）阅读是生而为人最基本的社会义务。阅读可以让个人累积和创新知识，产生自我学习动力，提升自我发展能力，每个心智正常的人都应该努力阅读，尽力获得更多的知识和能力，为社会更快更好的发展尽一份自己的责任和义务。阅读不仅让个人精神成长、人生成熟，也在为社会的延续和发展传承文化、创造文明。这是作为社会人的基本义务之一。

（二）阅读的方法

1. 信息式阅读法

信息式阅读法，阅读的目的只是了解情况。通常人们阅读报纸、广告、说明书等都属于这种阅读方法。对于大多数这类资料，读者应该使用一目十行的速读法，眼睛像电子扫描一样在文字间快速浏览，及时捕捉自己所需的内容，舍弃那些无关的部分。任何人想及时了解当前形势或者研究某一段历史，速读法是不可少的。然而，是否需要中断、精读或停顿下来稍加思考，则需要视所读的材料而定。

2. 文学作品阅读法

文学作品除了内容之外，还有修辞和韵律上的意义。因此，阅读时应该非常缓慢，自己能听到其中每一个词的声音，如果嘴唇没动，只是因为偷懒。阅读诗词更要注意听到声音，即使是一行诗中漏掉了一个音节，照样也能听得出来。阅读散文要注意它的韵律，聆听词句前后的声音，还需要从隐喻或词与词之间的组合中获取自己的感知。文学家的作品，唯有充分运用这种接受语言的能力，才能汲取他们的聪明才智、想象能力和写作技巧。

3. 经典著作阅读法

经典著作阅读法是用来阅读哲学、经济、军事和古典著作的。阅读这些著作要像读文学作品一样，需要尽量放慢自己的阅读速度，但读者的眼睛需要经常离开书本，对书中的一字一句都细加思索，捕捉作者的真正用意，从而理解其中的深奥哲理。值得注意的是，如果用经典著作阅读法阅读文学作品，容易忽略文学作品的特色，使自己钻进文学观念史的牛角尖中。

4. 麻醉性阅读法

这种阅读只是为了消遣，如同服用麻醉品那样使读者忘却了自己的存在，飘飘然于无限的幻想之中。这类读者一般对自己的经历和感受不感兴趣，把自己完全置身于书本之外。如果使用麻醉性的阅读方法阅读名著,读者只能得到一些已经添加了自己的幻想的、肤浅的情节,年轻人的麻醉阅读是造成大量的文学作品质量低劣的原因。

二、大学生阅读

(一)大学生阅读的概念

大学生阅读属于一个特定群体的阅读,具有阅读的共性,但由于大学生的群体特征及所处的生命发展阶段具有特殊性,其又具有个性特征。此外,在高等教育情境下,大学生的阅读还呈现出多元化和复杂化的特点,不同学科、不同专业大学生的阅读存在较大差异。

大学生,无论是专业学习还是非专业学习,无论是科研训练还是能力锻炼,都离不开阅读。与中小学阶段相比,本科阶段大学生的阅读目的更为多元、阅读领域更为广阔、阅读选择更为自主、阅读时间更为宽裕,并身处良好的阅读环境和阅读氛围中。与此同时,本科阶段的学生学习的伸缩性较大,阅读量的多或少,短期内反映不出效果,但长期势必影响大学生的成长和发展。换一个视角看,伸缩性较大的学习特点也给大学生的阅读带来了极大的机遇和潜力。

大学生作为一个特殊群体拥有较高的知识水平和文化修养,其思维水平、生理和心理状态都处于生命历程中的最优阶段。因此,大学是其一生中最重要的学习和成长阶段,也是阅读的优势和关键时期,而阅读可以帮助大学生获得知识发展、智慧提升和精神成长。浸润在大学中的大学生理应是社会发展、民族进步、国家强盛的未来所倚靠的中坚力量。大学生的阅读重在知识和文化,以经典阅读为本,凸显理性和创新。

(二)大学生阅读的特点

1. 重在知识发展和文化传承

在阅读中,大学生获取知识和传承文化是唇齿相依、相辅相成的。知识获取和文化传承是阅读的存在本意,而大学生作为知识水平和文化修养较高的一个特殊群体,其阅读是在此基础上对知识的创新和对文化的推行。本科阶段是大学生成长为某种专门人才的全面发展时期,因此无论是专业教育还是通识教育,大学生阅读都应包括专业阅读和通识阅读两部分。虽然从客观上看,大学生的阅读具有很大的自由度,但大学生的专业学习、大量的阅读是获得专业知识和提升专业素养不可或缺、至关重要的必由之路。专业阅读固然重要,但是大学生仍需将阅读范围延伸到专业之外。就专业学习本身而言,随着时代的发展,各类专业的内在结构和外部边界都发生了很大的变化,如果没有足够的整体视野,专业也难以真正学好。

在多元文化共存的当今时代,阅读特别是经典阅读是提升文化品质、传承和创新文化的必要选择,知识发展和文化传承是大学生阅读的重点所在。

2. 以经典阅读为本

经典是古今中外各个民族、各个时代精华的凝聚。本科阶段大学生的阅读虽可广泛涉猎,但要真正成长为某种专门人才,表现出这个专业的意识和能力,必须熟读本专业领域中最典范、最权威、具有标志性和开创性的经典名著;而大学生要获得全面的成长和发展,在汲取专业知识的同时,还需丰厚的精神营养,需要阅读那些超越自己本身专业的有价值、有意义的经典名著。对于文科大学生而言,文史哲类或社会科学类经典著作应该是必读的,同时可根据自己的兴趣选择一些科学知识经典著作和艺术类经典著作。经典阅读,可以说是大学生的必由之路,因为阅读经典的过程是理论思维走向成熟、人文素养得到提升、优秀文化得以传承的过程。由此可见,经典阅读既不是满足于感官刺激的"娱乐阅读",也不是以浏览代替阅读的"浅阅读",而是耗时费力的深度阅读,需要耐心和毅力,彰显着理性特征。

大学是社会的创新之源,本科阶段的学习就是在获取和积累知识的基础上向知识创新迈进的过程。要顺利实现这个过程,要求大学生学会独立思考,而独立思考的前提是阅读,特别是经典阅读。因此,不管是专业阅读还是通识阅读,大学生的群体特征、学习任务及所承担的使命都决定了经典阅读应是大学生阅读之根本。

3. 要凸显理性和创新

阅读从本质上来说是一项理性的活动,即阅读文本是一种理性呈现而非视听形象呈现。理性阅读是严肃且艰难的阅读,讲究的是缜密的逻辑、深奥的思想和读者相当强的分类、推理和判断能力,是有深度、能触及生命内在真实和扩展个体生命体验的阅读。大学阶段是人一生中的阅读黄金期,是大学生成长为某种专门人才的全面发展时期,知识发展和文化传承是大学生阅读的重点所在,经典阅读是大学生的阅读根本,这些都将大学生阅读明确指向了理性阅读。因此,与新媒介一起成长的一代大学生要正确对待"娱乐阅读"和"浅阅读"、"读图"和"读屏",自觉摒弃视阅读仅仅为一种感官满足的观念和行为,遵循、守持并引领理性阅读。只有这样,阅读才能帮助大学生获得知识发展、智慧提升和精神成长,进而推动民族和国家的进步。

(三)大学生阅读中存在的问题

1. 阅读内容丰富,知识阅读严重缺乏

在信息化数字时代下,大学生的阅读方式变得更加快捷,然而在阅读内容质量方面却比不上传统的纸质阅读。相关技术的良好发展促进了资源共享,然而也出现了网络信息泛滥等不良现象。

大学生接收的网络信息自动推送的内容多半都是与知识拓展无关的,其中舆论、娱乐信息等占据比较大的部分。换句话说,虽然大学生每天都沉浸在丰富的信息当中,然而在这些信息中真正对其有益的部分占比很少。因此,虽然在数字时代下大学生阅读的信息量有了质的飞跃,然而对于其知识能力的提高并没有实质性的帮助。

2.阅读需求不确定,容易被不良内容影响

在现代社会,大学生通过网络与相关设备展开阅读已经非常普遍,特别是随着移动网络的快速发展,更为大学生阅读提供了良好的支持。然而大学生在开放式阅读的环境中并不了解自身的阅读需求,很容易被一些没用的信息所影响,从而转移阅读的重点。此外,如今的大学生在阅读过程中大部分都是运用浏览的形式,主动展开信息检索的并不多,因此大学生就很容易被浏览的信息所引导。相关信息的推送在一定程度上丰富了阅读的内容,可以促进大学生更好地查找有关信息,促进其更好地展开阅读。然而,倘若大学生所浏览的资料是没有意义的,就会导致大学生学习时间的浪费,阻碍其良好阅读习惯的养成,给学习效率带来不良影响。

3.数字阅读带来了不完整性

手机等设备的广泛运用以及移动网络的支持,使得大学生的阅读不再局限于图书馆,并且随着教育形式的改革,阅读时间更加自由。大学生获取知识的方式不再局限于某个数据库,他们使用更多的还是各种搜索引擎。通过移动设备与移动网络,大学生可以随时随地地获取更多信息,其阅读时间趋于不完整性,就算是短暂的休闲时间也可以在网上展开信息浏览。并且,大学生并不需要获取信息的全部内容,对重点部分展开概览即可。因此,在数字时代下大学生的阅读内容也呈现出了不完整性。

三、阅读与大学生的发展

(一)当前大学生的阅读情况

1.实用阅读现象严重,大学生对于名著的远离正在成为常态

实用阅读是大学生阅读的主要内容,在阅读倾向上,多数大学生的阅读与就业有关、与进一步深造有关。不少大学生认为"满腹经纶在胸,不如满纸证件在手",当今社会竞争压力大,想在校期间多学习英语、计算机方面的知识,并多考一些有用的证书,增强自己的就业优势。现在学生读的书并不少,但其中很多是功利性强、实用性较强的书,而与自己看似没有直接关系、能陶冶性情、提高修养的人文类名著却极大

地减少了,这是目前最大的隐忧。有很多大学生已经有好几年没有读过世界名著,而校园作品、网络文学及武侠小说却成为大学生阅读书目的前三位。其实,大学生在学好专业的同时,读的书还应包括哲学精品著作、文学名著、关注社会现实的作品、充满理论色彩的作品、史学专著、领导人的著作等。读这类书可以帮助自己树立正确的世界观、人生观和价值观,培养思维能力。

2. 网络阅读越来越流行

随着媒介传播技术的发展,网络等新兴传播媒介已经成为现代人生活、工作不可或缺的组成部分。大学生更是渴望用最少的时间、最便捷的方式来了解信息、获取知识。高校学生一直被视为一个最主要的阅读群体,但他们的纸质媒体阅读也在大幅度下降。社会发展的节奏很快,偶尔有些空闲也只愿翻翻"轻松快乐、不用动脑筋"的娱乐休闲类书籍。

20世纪的大学生,就想进书店或者图书馆,目的只有接触书。他们中的大多数觉得时间宝贵、读书机会难得,千方百计地找时间来读书。可是现在不同了,成百上千种的书摆在那儿,有时候看都不看一眼。

3. 快餐式阅读成为大学生的最爱

社会竞争日益激烈,他们受社会商业、时尚文化的影响很大,读书的功利性越来越强。大学生学习紧张,需要情感上的快速放松,这就促使他们选择直观的、"快餐类"的、不需动太多脑筋的作品。心里想的是如何快速成功,剩下的时间只够用来看这样一些像方便面一样实用、快速、方便的书。大多数大学生不愿意阅读学术专著,主要原因是学术专著晦涩难懂且与成绩好坏无直接关系。

整个社会的经济发展水平与精神文化发展不同步,导致大学生自身在社会环境的各种压力面前茫然、焦虑和浮躁。大学生阅读往往是泛泛阅读,呈现出一种整体浮躁的状态,读书将成为一种奢侈的生活,不再有精读。不读书的直接结果是,思考的人少了,行动的人多了。阅读本身不应该设定边界,阅读不仅仅是读书,网络阅读是社会发展的必然趋势,而科技带来的优势更是无可替代的,传统阅读是社会历史沉淀的结晶,只有将二者结合,才能更好地发挥各自的优势。不管通过什么渠道获取知识,都是替代不了读书的。读书可以帮助人系统地获取知识,可以在阅读中思考。这就是读书的独有魅力。

(二)阅读对大学生发展的重要意义

大学生想要丰富知识、开阔眼界、加强修养的话,是必须要读书的。书籍中承载着浓厚的文化,文化是民族意识、民族精神、民族创造力的载体,是衡量国民素质和综合国力的重要指标。每个国家都有自己特有的文化形态和文化个性,这种特有的文化既是群体亲和力和民族凝聚力的重要源泉,也是生命和生活的意义之源,是文化得以繁荣和发展的必要条件。

大学生是经济社会发展最重要的资源和推动力,国家的改革和发展大业很大程度上取决于他们的能力和素质,而素质就是来自一定的文化修养和这种文化修养内化所形成的世界观、人生观和价值观。我国传统的教育内容中,人文课程缺乏、文化陶冶欠缺,导致大学生对中国历史及传统文化精华了解不足,传统文化素养较低。

当今社会在飞速发展的同时,知识的内容、类别、层次也变得越来越复杂,面对纷繁复杂的知识,更需要慎思来明辨是非、去伪存真。文化的多元共生要求异质文化的相互了解。这了解的基础,既有学术的渐进,又有知识的普及。对于大学生来说,阅读在很大程度上回应了时代的要求,体现了知识的力量。

第二节 高校图书馆的阅读管理

一、图书馆管理

（一）管理的内涵

1. 广义的管理

从广义上来说,管理是一种文化活动,是指导人类完成意愿、达成目的的行动。人类为了实现其设定的目的所采取的一切行动,包括程序、方法、途径等均涉及管理活动,如家庭主妇要管理她们的家务、小孩要管理自己的零花钱、所有的人都要管理自己的时间等。也就是说,所有的人都必然要从事把有限的资源分配给众多的、互相竞争的、难以满足需要的管理活动。由此可见,管理贯穿于社会事物的各个领域,渗透到人类社会活动的一切方面,具有包罗万象的内容。

2. 狭义的管理

从狭义上来讲,管理是针对社会组织或团体的管理来说的,如学校、医院、商店及各种企事业单位的管理。顾名思义,管理即管辖和治理。其具体定义、说法不一,一般报刊文章界定为管理就是运用组织、计划、协调等方法,有效地利用人力、物力和财力等基本条件,使其发挥最大的效能,以达到预想的目标和完成既定任务的一种活动。简而言之,管理就是协调人们的活动,只要有两个以上的人工作,就需要一个管理过程,协调他们的劳动,协调即管理。所以管理作为一种独立的社会职能,是协调劳动的产物。正是这种协调劳动推动了人类社会的发展。

3. 管理的性质

管理具有自然属性和社会属性。自然属性就是管理所具有的组织、指挥和协调人们劳动的特性,反映了人们共同劳动本身的要求,是一系列科学技术方法在管理中的应用,同生产力相联系。管理的社会属性,即它所具有的监督职能,反映了生产资料占有者的意志,同生产关系相联系。总之,管理既属于生产力,又属于生产关系,这就是它的二重性原理。

(二)图书馆管理的必要性

管理是人们组织社会生活和社会实践的纽带,其意义已由实践活动升华到经济资源的范畴。一个国家、一个民族或一项事业,能否兴旺发达,很大程度上取决于"管理"的"资源"是否能得到充分的开发。

管理具有黏合力,能将管理系统内的各种相关因素密切地结合起来;管理具有增值力,能使整体功能大于部分之和;管理具有传输力,能使构成管理对象的各种物质、能量、信息按照一定的方向进行交流,以形成良好的动态结构和合理的布局;管理具有驱动力,能推动各种管理对象按预定目标正常运行,促使目标的实现。

科学技术的迅猛发展,要求图书馆工作现代化,要使现代图书馆充分发挥其社会职能,就必须依靠管理的推进。

1. 图书馆工作的整体性,要求实行科学管理

每一个图书馆都需要众多员工共同劳动,其工作内容复杂、程序繁多。面对这样的一个系统工程,需要将它的工作内容的每一个单元环节、物资设备和工作人员,按照一定的组织法则,有序地装配在一个系统的链条上,加以调节,合理运作,统一指挥,否则图书馆就无法达成其方针任务。

2. 图书馆的工作需求,需要加强科学管理

文献资料的大量增加和读者需要的日益多样化,需要加强科学管理。科学技术的日新月异,世界上文献量的急剧增加,导致信息污染严重,同时也对图书馆提出了更高的要求。

图书馆一方面要对数量庞大、内容复杂、载体多样的书刊文献资料进行准确的挑选、迅速的加工、科学的管理;另一方面要采用各种方式和途径,迅捷、准确地将知识信息提供给需求多样的读者。在这样的需求背景之下,应该对图书馆工作进行合理

的安排,对馆员进行培训,对社会信息资源和社会需求进行调查和预测,对读者进行大量的组织工作,这也是图书馆管理所肩负的重任。

3. 图书馆现代化的需要,要求科学管理

随着信息技术的迅速发展和在图书馆中的广泛应用,现代图书馆的主要特点是馆藏多样化、工作标准化、技术自动化、储存数字化、服务网络化、组织管理科学化等。计算机等现代技术装备和应用,要靠严密的组织、规范化的操作程序和严谨的组织体系,才能正常运行,充分发挥作用。由此可见,科学管理不仅是现代化的重要内容和条件,而且是实现图书馆现代化的基本保证。

4. 图书馆的生存发展,要求科学管理

伴随着知识经济时代的到来,知识社会化、社会知识化,作为人类知识的宝库、科学的殿堂、传递信息的重要渠道的图书馆,大有用武之地。但从当前实际来看,我国图书馆既面临着发展机遇,更面临着严峻挑战。不少图书馆经费短缺、人才流失、馆舍和设备简陋,缺乏生存发展的基本条件。也有一些图书馆,虽然有丰富的藏书、良好的设备、宽敞明亮的馆舍,但是由于管理不善,办馆效益很差。还有社会信息咨询机构和信息产业的异军突起以及大众传播媒体的普及,影响了图书馆的社会地位,威胁着图书馆的生存发展。

面对新的情况、新的问题,图书馆如何争取领导的重视、政府的支持、群众的信赖,以求得自身的发展;如何深化改革,转换内部管理机制,充分发挥人、财、物的作用,以求得社会效益和经济效益双丰收;如何将一个个图书馆组织起来,发挥群体优势,实现资源共建共享,以满足社会对知识信息的需要,这些都需要通过"管理"去解决。因此,通过管理挖潜力、要财富、获效益、求发展,是图书馆生存发展的必然需求。

(三)图书馆管理的内容

1. 图书馆管理的概念

图书馆管理是指引导人力资源、财力资源、信息资源和物质资源进入动态的图书馆以达到图书馆的目标,进而为读者服务,使读者获得满意的活动。简单来说,图书馆管理就是人管理人、人管理财、人管理物。

(1)人管理人。人管理人包括图书馆的管理者管理图书馆的一般员工,图书馆各部门的负责人管理本部门的员工,以及图书馆的员工(一般称为图书馆馆员或图书馆管理员)管理读者等。

(2)人管理财。这里的财包括国家划拨的经费、图书馆自己筹集的资金。图书馆对于"财"的管理是指对经费的合理分配利用,维持图书馆的日常运营、正常工作等。

（3）人管理物。人管理物是指图书馆从采购书刊等文献资源，到加工处理这些文献资源，以及使这些文献资源进入流通利用的各个管理环节。除此之外，还包括对图书馆馆舍的管理与使用、对图书馆各种设备的管理与使用等。

2. 图书馆管理的特点

作为一种特殊的社会实践活动，图书馆管理具有一般社会实践所共有的客观性、能动性和社会历史性等特性，不过这些特性在图书馆管理中有其具体的表现形式。整个实践的特性对于不同的实践活动来说，是一种共性的东西，而具有这种共性的各种实践活动又表现出不同的特性。图书馆管理具有以下几个主要特征：

（1）贯穿性

①空间。从空间上来说，图书馆管理贯穿于一切的图书馆活动中，存在于图书馆活动的一切方面和一切领域，凡是有图书馆活动的地方，就有图书馆管理的存在。

②时间。从时间上来说，图书馆管理与图书馆共始终。在中国商代，不仅有藏书之所、掌书之人，而且有管书之法。20世纪30年代初，英国的一位考古学家列奥纳德·伍利（Lernard Woolley）在幼发拉底河口附近的乌尔发掘出400多块泥版文书和1000多片残片，发现泥版文书中的经济资料是按主题和年代排列的，泥版还挂有内容简介的标志牌。这是国外存在最早的藏书管理，代表着国外最原始的图书馆管理思想。

随着信息技术的发展，图书馆的形态可能会发生一些变化，但是只要还存在图书馆活动，不管其形式如何，仍然离不开管理。因此，在图书馆发展的长河中，管理是无处不在、无时不有的一种社会活动，它在图书馆系统中横贯各个层次，涵盖一切领域，具有贯穿性。

（2）依附性

图书馆管理必须依附于一定的图书馆业务工作，它的全部实际内容和具体形式离开了其他的业务活动就不能单独存在。图书馆管理的目标必须依托于具体的业务活动才能实现，图书馆管理的过程总是伴随着其他业务活动的进行而展开，图书馆管理的结果则总是融合在其他业务活动的成果之中。

（3）协调性

协调性是指调节和改造各种管理对象之间的关系，使它们能相互适应，按照事物自身固有的规律性在整体上处于最佳的功能状态。图书馆管理与其他业务活动不同，主要表现在以下两个方面：

①活动的对象。从活动的对象来看，一般业务活动总以某个特定的具体事物作

为自己的对象。但是，图书馆管理在一定意义上却是以图书馆系统的各种业务活动作为自己的对象，图书馆管理是对这些业务活动之间的关系以及这些业务活动内部各种要素之间的关系进行协调。图书馆管理活动是通过协调各种业务活动而间接地对它们起作用，从而改变它们的存在状态。

②活动的任务。从活动的任务来看，一般的业务活动都有自己特定的具体任务。图书馆管理的主要任务是协调人们之间的关系和利益，协调人们活动的状态和过程，使图书馆各种业务活动的要素建立某种有序的优化结构。图书馆管理者一般并不直接从事信息产品的生产或信息服务活动，他们主要是通过协调各种业务活动的内外关系，为有效地满足读者的信息需求而服务。

（4）组织性

图书馆管理的组织性，一方面指的是图书馆管理活动总是通过一定的组织来进行，这种组织是由进行管理活动的人所组成的一个有序结构；另一方面，它指的是图书馆管理活动本身就是一种组织活动，这种组织活动将分散的资源组合起来，形成一个稳定的、能够不断根据客观环境的变化而进行调整的物质和社会双重结构的过程。图书馆管理的组织性是图书馆管理最基本的特征，也是其他特征的内在根据和机制。

（5）变革性

图书馆管理的变革性是由图书馆本身的运动来决定的，具有客观性。从现象上看，图书馆管理有保守的一面，它要维持图书馆系统一定程度的稳定，要用一定的原则、规章制度来约束图书馆成员。但是，保守性、束缚性只是使图书馆获得发展、使个人获得真正自由的手段，因而是暂时的、相对的。稳定是运动的一种特殊状态，因为图书馆系统中的要素是不断发展变化的，图书馆系统外部的环境也在不断变化。要实现对图书馆的真正有效管理，就要根据图书馆的发展去改变失去合理性的规章制度。

（6）科学性

图书馆管理是动态的，可以将其分成两大类，一是程序性活动，二是非程序性活动。

①程序性活动。程序性活动就是指有章可循，照章运作便可取得预想效果的管理活动。比如制定读者服务工作中的各种规章制度，制定人员管理工作中的录用、奖惩、培训等方面的条例，制定行政管理的各种规章制度，制定后勤管理的各种规章制度等。

②非程序性活动。非程序性活动是相对于程序性活动而言的，是指无章可循，需

要边运作边探讨的管理活动,如建造新馆、建设图书馆自动化系统、图书馆组织机构的调整、复合图书馆的设计等。

这两类活动虽然不同,但是可以相互转化的。这种转化过程是人们对这类活动与管理对象规律性的科学总结,图书馆管理的科学性在这里得到了很好的体现。此外,对新管理对象所采取的非程序性活动只能依据过去的科学结论进行;否则,对这些对象的管理便失去了可靠性,而这本身也体现了图书馆管理的科学性。

二、高校图书馆管理

高校图书馆管理是与高校图书馆同时产生、同步发展的,大体上经历了两个阶段传统的经验管理和现代的科学管理。传统的经验管理是多年来高校图书馆管理一直推行的管理方式,它以直觉和经验为其基本特征,管理思想保守、管理手段陈旧,管理方法落后。这种管理已无法适应现今高校图书馆日益发展的客观需要。因此,从传统的经验管理,转变为现代的科学管理势在必行。现代的科学管理,指的是运用现代科学的原则、理论和方法对高校图书馆作为一个系统所进行的管理,这种管理充分地吸收了管理学、心理学、统计学、教育学、经济学和社会学等众多的学科成就,从中吸取理论与方法上的指导,把高校图书馆作为一个内部相互联系、内外相互作用的开放系统来加以考察、研究和管理,从而获得高校图书馆管理的最佳效果。

具体地说,高校图书馆管理,就是运用现代科学的理论和方法,遵循高校图书馆工作的客观规律,通过决策、计划、组织和控制等手段,合理地组织和最大限度地发挥全馆人、财、物等各种资源的作用,卓有成效地为学校的教学和科研服务的全部活动及其全过程。运用现代科学的理论和方法是现代图书馆管理的重要标志,也是现代高校图书馆管理的时代特征,是管理工作科学化的基本要求。遵循高校图书馆工作的客观规律,是由高校图书馆管理的特殊性所决定的。高校图书馆具有区别于其他类型图书馆的固有规律,因此,要对高校图书馆实行科学管理,就不能不遵循这些规律。无视这些规律,不但无科学性可言,而且必将受到惩罚。"决策、计划、组织和控制"是图书馆管理的基本手段,一切管理活动都离不开这些基本手段。管理是具有目的性,合理地组织和最大限度地发挥全馆人、财、物等各种资源的作用是管理的最直接目的,而管理的最终目的则是有效地为学校的教学和科研服务。

三、高校图书馆阅读管理

（一）阅读管理的概念

阅读管理顾名思义，就是对读者的阅读进行管理，是图书馆按照一定的工作要求与方法对读者在一定时期内的阅读活动或为图书馆阅读进行全过程的干预，使读者按照特定的管理方案进行有效的阅读和享受一定服务的一项图书馆管理活动。它是在为读者服务中按照读者的不同需求对其阅读全过程进行有效的计划、组织、控制、协调的系统管理。它是在管理创新的基础上，将设计出的一整套具体的将管理理念、管理内容、管理程序、管理制度和管理方法运用于优化服务工作中，使图书馆高效运行的一种管理模式。广义地说，阅读管理是一个过程，包括了解读者的身份，分析读者的心理，研究读者的需求，根据读者的知识结构和职业特点把握他们对图书资料和信息文献的需求结构和需求特点，制定科学的阅读方案，最大限度地满足读者日益增长和变化的各种阅读需求。

（二）阅读管理的实现方案

阅读管理作为一种新的管理，不只是一种理念，而且是一种手段和方法。首先应设立阅读管理职位，经营阅读管理项目。即在图书馆建立专门的阅读管理员岗位，便于策划与实施图书馆阅读管理项目，逐步推进图书馆的全面阅读管理。

理想的阅读管理模式应该是为每一个有阅读需求的读者建立阅读管理档案，然后对其进行具体的个性需求分析，进而制定有针对性的阅读帮助和指导方案，并通过信息服务专门人员与阅读用户的全过程参与和互动，达到以用户为中心、使用户满意的目标，形成馆员与读者持续、内在的动态服务机制。阅读管理，首先必须制定严格的阅读管理原则和工作程序；其次应有详细、可靠的调查资料和科学的制定依据。

第三节 阅读推广

一、阅读推广

（一）阅读推广的主体

阅读推广的主体是指阅读推广活动的发起者、组织者、实施者和管理者。全民阅读活动是一项社会文化系统工程，需要集合全社会的力量推行。提高国民阅读率，形成人人热爱阅读、全民阅读的社会氛围,社会、政府、图书馆、出版机构和大众媒体等都负有不可推卸的责任。纵观全球的阅读推广工作,可以发现,国际组织、各国政府、媒体机构、图书馆界、非营利机构、教育机构、医疗机构、媒体,甚至是一些热衷于分享阅读的个人均参与其中,或成立阅读推广机构,或推出阅读推广项目,或组织阅读分享活动,这些都是阅读推广的一部分。

(二)阅读推广的对象

由于阅读推广的目标是"全民阅读",阅读推广所服务的对象应该是社会中的每一个个体。但在进行阅读推广时,首先还是应该对阅读推广的目标人群进行研究,这是因为不同的对象在阅读兴趣、阅读能力、阅读动机和审美取向上各不相同,这都将影响阅读推广的内容及成效。

为了使阅读推广工作更具针对性、效果更显著,在进行阅读推广工作时要将推广对象进行细分。比如,按年龄层进行划分,可以将阅读推广对象分为低幼儿童、青少年读者、中青年读者、老年读者;按职业种类进行划分,可以将阅读推广对象分为工人、农民、大学生、打工者、白领等若干类别。针对不同的读者对象,再设计不同的阅读推广内容。

公共图书馆的阅读指导服务应是"知书"与"知人"服务,简单来说,就是图书馆馆员针对读者个人特质与特殊需求主动建议适合的阅读素材。换句话说,就是阅读推广要向合适的对象选择合适的内容进行推广。

(三)阅读推广的内容

阅读推广,顾名思义,当然是要推广阅读。这里不仅包括阅读的读物,还包括阅读能力的提升、阅读兴趣的培养、阅读习惯的养成、阅读品位的熏陶及阅读氛围的营造。阅读的读物不仅包括传统的纸质图书,还包括电子图书及音频、视频、游戏等多媒体信息。对于有阅读意愿但不知道如何阅读的人群,阅读推广的工作就是要帮助他们提升阅读能力,具体包括选择读物的能力、理解内容的能力、阐释能力、批判分析与创新能力。

阅读兴趣的培养和阅读氛围的营造也是阅读推广的重点。终身的阅读兴趣和习惯取决于有效的早期阅读,因此,阅读应从小抓起,从小培养孩子对阅读的兴趣,并使其养成良好的阅读习惯。图书馆要以各种形式吸引青少年儿童走进图书馆,激发他们的阅读兴趣,培养他们的阅读素养。

二、阅读推广与阅读的关系

（一）阅读推广与阅读

阅读是国民学习的一种方式，是通过对图书、报刊、网络等媒介获得知识的过程；阅读推广是图书馆等社会机构指导国民阅读和推动社会阅读的行为。从宏观上来说，阅读和阅读推广都是国民阅读范畴内的工作；从微观上来说，阅读和阅读推广处在国民阅读工作的不同层面。因此，它们之间既有着不可分割的联系，也有着内容和方式上的区别。阅读推广就是推动阅读和扩大阅读，也就是通过阅读推广机构和阅读推广人的努力，让更多的人喜欢读书、善于读书，更有收获、更有成效地读书。

（二）阅读推广与阅读兴趣

阅读推广对阅读兴趣的影响，一般认为是单向度的，必须提升，否则阅读推广活动就是失败的。这是一种片面的认识，阅读推广对阅读兴趣的影响是多向度的，不只是提升，还有着多方面的影响。

1. 栽种兴趣

比如说对刚出生的孩子，"阅读起跑线活动"是送给孩子一个图书礼包，犹太人在给婴儿看的书上点一滴蜂蜜，让孩子第一次读书的时候感觉书是甜的，这就为阅读兴趣的萌发种下了一粒种子。

2. 满足兴趣

阅读推广不是非要提高读者的阅读兴趣，满足也是可以的。读者喜欢什么书，推荐购买。图书馆购买了并通知读者，读者过来兴冲冲地借走，这也是一种阅读推广。

3. 转移兴趣

当读者过度痴迷某一类书，严重影响自己的生活、学习的时候，图书馆帮助读者转移一下兴趣，合理分配一下兴趣，这也是一种阅读推广。有的学生痴迷于武侠、言情这类书，图书馆针对他们开展一些阅读推广活动，将他们的阅读兴趣转移到专业学习或者更宽的领域，对他们也是一种帮助。

4. 归并兴趣

在大数据时代，图书馆一个重大的职能是找到相同阅读兴趣的人，给他们提供交流的机会。这些有着相同阅读兴趣的人，通过图书馆就可以在私下组成读书小组、读书会等，相互交流读书感悟，这样能会极大地激发他们的阅读兴趣，加深对书的钻研程度。

5. 装点兴趣

国内外不少图书馆都设有一面高高的书墙，作为一种文化象征，营造浓郁的读书氛围。从阅读推广的角度来看，其作用更多地表现在激发阅读兴趣，推动读者从心理上接近阅读、接近图书馆。

三、阅读推广与校园文化建设

当前，社会的阅读状况不是很好，要想重新吸引人们的阅读兴趣，需要以图书馆为依托开展一系列活动，而不仅仅是传统的出借图书。阅读推广与校园文化建设密切相关，能否形成良好的校园文化，是一个学校是否具有有思想、会创新的高素质人才的关键。

从手机的广泛使用可以发现，阅读并不应该是一种刻板、限制较多的事情，阅读应该是一种有趣的生活常态。通过开展阅读推广工作，可以引导阅读方向，弘扬真善美，从而达到建设校园精神文化的目的。

四、图书馆与阅读推广

（一）图书馆与阅读推广的关系

人们普遍认为，图书馆是阅读推广的主阵地。图书馆作为社会求知的知识载体，为阅读推广奠定了基础，凭借自身的优势在引导阅读、满足不同层次的阅读需求、保障弱势群体阅读权利、促进阅读方面发挥着独特的作用，图书馆推动社会阅读的过程也是自我完善的过程。

（二）图书馆对阅读推广的影响和意义

图书馆在促进阅读推广、构建阅读社会中的作用研究方面，刘秋让等人认为促进社会公众阅读是图书馆的重要核心价值，图书馆在构筑阅读社会的过程中需要积极发挥自身的价值，重视弱势群体在阅读社会构建中的重要位置，关注其阅读能力和阅读状况，利用发达的网络信息技术，提供省时、低成本、高效率的阅读服务，保障读者阅读权利的实现，确立图书馆在阅读社会构建中的重要价值使命。

图书馆是倡导全民阅读的中坚力量，倡导全民阅读是图书馆社会职能中不变的核心部分。图书馆引导"全民阅读"，能为"全民阅读"提供舒适的阅读环境、进行科学正确的引导、提供丰富的信息资源、提供技术指导与快捷服务。

（三）图书馆在阅读推广中的主要工作内容

1. 引导

对于缺乏阅读意愿的人，图书馆通过生动有趣的阅读推广活动，引导他们感受阅读的魅力，享受阅读的乐趣，并逐步形成阅读的意愿。推动全民阅读的发展，正是图书馆阅读推广工作需要解决的问题、完成的任务。

2. 训练

图书馆的服务对象中存在许多有阅读意愿而不善于阅读的人，包括尚未学会阅读的人，如少年儿童、青年学生，还有因各种原因成年后失去继续学习机会的人，图书馆阅读推广可以训练他们，使他们学会阅读。

3. 帮助

图书馆的服务对象中还存在阅读困难人群，也称图书馆服务的特殊人群。对公共图书馆来说，此类特殊人群包括残障人士、阅读障碍症患者等；对学校图书馆来说，主要是那些缺乏阅读知识和辨别能力的低年级学生。图书馆需要对他们提供阅读帮助，阅读推广服务是最好的帮助。

4. 服务

传统图书馆服务目标人群的主体是具有较好阅读能力的人，即所谓的高层次读者。图书馆阅读推广活动为他们提供阅读的便利，丰富为他们服务的方式。对学校图书馆来说，除了专业阅读之外，还要引导大学生了解和学习专业之外的知识，拓展大学生的阅读视野和大学生的知识范畴。

第四节　高校图书馆的阅读推广

一、高校图书馆阅读推广内容

（一）高校图书馆阅读推广的概念

高校图书馆是高等学校教育的重要组成部分，是培养国家人才的根据地，是学生开启知识财富的钥匙。高校图书馆阅读推广是全民阅读推广的重要组成部分，高校图书馆开展阅读推广活动，不仅可以充分发挥图书馆育德、育才的作用，还可以培养读者的信息素养，充分获取利用图书馆文献信息资源。

此外，高校图书馆作为高校师生学习知识的主要场所，应担负阅读推广的主要责任，图书馆要以"培养人才、提高素质"为宗旨，广泛开展阅读推广活动，倡导"多读书、读好书、读书好"，促进读者文化素质的全面提高。

总的来说，高校图书馆阅读推广是指高校图书馆采取有效的措施引导读者重视阅读，有针对性地开展阅读推广活动，根据高校读者的类型和需求特点，培养坚持读书、用心读书的阅读习惯，提高阅读的质量、数量和阅读能力，对读者的成长和成才有重要意义。

（二）高校图书馆阅读推广活动的类型

高校图书馆阅读推广活动类型丰富，按照不同划分标准可以分成不同类型。

1. 按照开展频率划分

按照阅读推广活动的开展频率，分为定期活动、不定期活动、临时活动。

（1）定期活动。定期活动是指高校图书馆以周或月为周期定期开展的活动。此类活动有固定的举办时间和活动名称，对大学生阅读习惯有持续深远的意义。比如，每月图书借阅排行榜，可以为大学生阅读图书提供有价值的信息；每周数字资源培训课，让大学生学习如何获取利用资源。此外，还有每周好书推荐、每周影视欣赏等，定期开展这一类型的活动。

（2）不定期活动。不定期活动是指为丰富大学生的阅读生活而策划的一系列活动。此类活动新颖丰富，注重创新，活动主题与图书馆或阅读紧密贴合，对培养大学生的阅读兴趣有重要意义，如演讲比赛、征文比赛等。

（3）临时活动。临时活动是指未经策划临时举办的活动，但对指导大学生阅读也有重要作用的一系列活动，如转发的名人或名校的书目推荐、热门话题的书展与画展等。

2. 按照媒介形式划分

按照阅读推广活动的媒介形式分为人媒式活动、物媒式活动、纸媒式活动、视媒式活动、数媒式活动、多媒式活动。

（1）人媒式活动。人媒式活动是以人作为阅读推广活动的传播媒介，如真人图书、读书沙龙，人媒式推广交流更便捷。

（2）物媒式活动。物媒式活动是以某种事物作为阅读推广的传播媒介，使阅读更具体。

（3）纸媒式活动。纸媒式活动是以传统纸张作为阅读推广的传播媒介，在各个高校图书馆阅读推广活动中应用较多。

（4）视媒式活动。如现场购荐、书展，是一种看得见的阅读推广形式。

(5)数媒式活动。如数字资源培训,是数字化的阅读推广形式。

(6)多媒式活动。采用多媒体技术,推广阅读的推广活动。

(三)高校图书馆阅读推广活动的构成要素

高校图书馆阅读推广的主要活动要素大致包括五种:阅读推广活动的对象、阅读推广活动的内容、阅读推广活动的开展时间、阅读推广活动的传播渠道以及阅读推广活动开展的意义。

1.高校图书馆阅读推广活动的对象

高校图书馆阅读推广活动的服务对象主要为高校师生,了解阅读推广服务对象的需求,可以有针对性地开展阅读推广活动。首先,高校师生接受高等教育,有较强的自学能力,知识水平认知度高,是信息获取的高端人群。其次,高校师生作为课题的学习研究人员,需要大量专业知识。因此,阅读推广应提供高校师生最新、最前沿的信息,帮助读者掌握快速、全面、准确地获取信息的技能。

2.高校图书馆阅读推广活动的内容

高校阅读推广活动的内容是阅读推广的核心部分,开展适合高校的阅读推广活动,才能真正达到阅读推广的目的。高校阅读推广活动的内容主要分为以下几个部分:

(1)馆藏文献的推广。高校图书馆拥有大量的馆藏文献,是读者获取信息的优选场所,高校图书馆以专题书展、专业书展的方式推广馆藏文献,在采购图书时,和书商合作开展"你荐我购"等活动。

(2)数字文献的推广。如今高校师生利用数字资源的比重越来越大,海量的数字资源让读者在获取利用信息时费时又费力,高校图书馆可与数据库开发商合作开展数字资源培训和丰富有趣的检索大赛,以提高信息检索技能。

(3)检索工具的推广。无论是纸质资源还是数字资源,读者更希望图书馆可以指引阅读,使高校师生获取更新、更有价值的资源,高校图书馆开展书目推荐、借阅排行榜、好书排行榜等活动。

(4)阅读理念的推广。无论高校图书馆多么重视并积极开展阅读推广活动,都不如读者对阅读的高度重视。因此,传播阅读推广的理念,提高阅读在读者心中的重要程度十分重要。

3.高校图书馆阅读推广活动的开展时间

高校图书馆阅读推广活动开展时间的选择是相当自由的,由于学生有寒暑假和期末考试,这两个阶段一个是学生最放松的时期,另一个是最紧张的时期。根据不同时间段开展不同的阅读推广活动,才能达到更好的阅读推广效果。在刚开学期间,是学生最活跃积极性最高的时期,可以开展丰富多彩的比赛活动,调动大家的阅读积极性;在每学期考试复习期间,开展专业讲座或书展,如英语四六级、考研考博、公务员培训、各个专业推荐目录等;放假期间,高校图书馆可以开展线上网络活动、好书荐读等活动。此外,每年的4月23日是世界读书日,各个高校可以根据这一节日开展相应的读书日或读书节活动;新生入学和临近毕业可以开展阅读指导活动。

4. 高校图书馆阅读推广活动的传播渠道

高校图书馆阅读推广活动的传播渠道可以扩大阅读推广的影响力,让更多的读者参与其中。高校师生接受新事物快,目前可以采用的传播渠道有两种:一是传统的传播渠道,也称线下传播,如海报粘贴、校广播站、通知等方式;二是新媒体的传播渠道,也称线上传播,如微博、微信公众号、图书馆主页、高校主页等方式。许多高校图书馆阅读推广活动的前期宣传、开展过程、活动评选等都采用网络平台。在活动的前期宣传中,通过微博、微信等新媒体平台发布图书馆阅读推广活动信息,以点赞、投票等丰富形式选出参与活动的获奖者,活动结果的展出供读者在线交流。网络能及时了解读者需求,拉近图书馆与读者之间、读者与读者之间的距离。

5. 高校图书馆阅读推广活动开展的意义

(1)培养阅读兴趣。阅读兴趣是一切阅读活动的前提,只有让学生对阅读产生兴趣,发现阅读中的美,才能从阅读中获得真正的利益。因此,高校图书馆在举办阅读推广活动时,要从阅读兴趣出发,引领大学生走进知识的海洋。

(2)养成阅读习惯。良好的阅读习惯是一种健康的阅读方式,是一种精神食粮,如果没有良好的阅读习惯,久而久之,个人的文化底蕴就不会有所提升,思维见解变得狭隘空洞。因此,高校图书馆举办的阅读推广活动应长期持久,多宣传阅读习惯的重要性。

(3)指引读者阅读。对于大部分大学生来说,知道阅读的重要性,也对书籍有着浓厚的兴趣,但是面对海量的图书,却不知道如何挑选图书。这时,图书馆可以根据不同专题进行分类、筛选、排序,为大学生提供高质量的阅读。

(4)形成阅读素养。阅读素养也称信息素养,我们读的不仅仅是书,更是一种感悟,将书中的信息转化成自己的素养,应用到未来的生活实践中,是对知识的一种获取,更是一种利用知识的能力。因此,高校图书馆在举办阅读推广活动中,应该培养大学生的阅读能力,如写作、书评、读书沙龙,都可以将阅读的知识潜移默化形成个人的素养。

二、高校图书馆阅读推广活动的必要性

(一)"阅读推广"是高校图书馆工作的常态

工作在高校图书馆借阅岗位上的图书馆馆员,会切身体会到图书馆工作的繁杂。表面上看像一块"被遗忘"的角落,其实并不是这样。认真地进行每天的借还图书工作,时时都有新的启发。图书馆馆员在日复一日的借阅工作中,每天都面对渴求知识的大学生读者,馆员随时随地都在做阅读推广的工作。比如,询问读者想读什么样的书,了解读者希望图书馆采进什么种类的书,征求读者对图书馆改进的建议和要求,与读者探讨对阅读推广的看法,与读者的时时互动等,都是获得阅读推广启发的途径。不能否认,图书馆馆员日常工作的经验都是阅读推广的宝贵经验,"馆员工作里有哲学"。说起图书馆馆员职业的工作内容,有人会认为馆员就是解答读者的有关咨询和负责借还书籍,没有一点技术含量,馆员的角色微不足道,谁都可以做,这是对图书馆馆员工作的一种错误认识。殊不知,每个在流通部门工作的馆员随时随地都在做着阅读推广工作,他们无时无刻不在向读者推荐好书。从全民阅读活动倡导以来,高校图书馆连年举办"读书节",积极推广新书、好书,促进大学生阅读。2015年开始,国家全面推进"全民阅读"工程,高校图书馆阅读推广工作开始面向全社会,阅读推广活动已经发展到了一个新的高度。

(二)高校图书馆阅读推广是"正能量"推广

图书馆所有的工作,图书馆专业所有的研究,最终都要落实到为读者的阅读服务上,包括为读者提供良好的阅读环境,建设专业化的丰富馆藏资源,提供学习研究的平台以及发挥的助读性作用等。阅读推广主要是如何为读者进行丰富多彩的导读活动,图书馆工作的未来走向就是《政府工作报告》中提出全民阅读工作,把全民阅读工作引入社会机制,创造性地开展阅读推广工作已经是未来发展的必然趋势。图书馆馆员必须要全身心地融入阅读推广工作中,并充分发挥自己的聪明才智,走出一条图书馆阅读推广工作的新路子。

(三)图书馆馆员参与社会阅读推广义不容辞

在高校图书馆阅读推广工作中,图书馆馆员是阅读推广工作的主体。图书馆馆员在做好自己馆内的阅读推广工作的前提下,必须学习其他高校图书馆阅读推广的先进经验,交流阅读推广工作成效,互相沟通与联动。阅读推广工作是图书馆一项长期而又艰巨的任务,需要图书馆馆员显示各自的能力,发挥各种推广阅读的作用,同时开展馆外辅助性的助读。高校图书馆的阅读推广工作不能局限在校内,应该走出

校园、走向社会、走进民间,积极参与全社会的阅读推广活动。

为了充分发挥高校图书馆的社会服务功能,促进文献资源共享,各高校图书馆可以试行为社会提供一定限度的文献信息服务,在保证本校师生教学科研所需的前提下为本市、本校周边的居民办理阅览证和借书证,试行面向社会开放服务、积极参加阅读推广的志愿者活动。发挥图书馆馆员在阅读推广工作中的尖兵作用,是图书馆馆员义不容辞的责任。同时,图书馆馆员探索性的阅读推广工作,体现了其积极、主动、创新的阅读推广工作态度。许多图书馆同行在阅读推广方面积累了丰富的经验,如,中国图书馆学会阅读推广委员会和金陵图书馆主办的中国图书馆年会,展示了很多馆员的书评;在全民阅读推广研讨会上,馆员辩论异常激烈、深入,把图书馆外的阅读推广推向了高潮。

三、高校图书馆推行阅读推广活动的意义

（一）有利于学生阅读习惯的养成

高校是培养学生、教授人才的主要阵地,学生在高校开展学习活动,主要依靠的不再是家长和教师的耳提面命,而是需要学生树立自主学习意识,充分发挥自己的主观能动性,对学习计划和学习通道进行自主建立。高校图书馆就是提供相应服务的主要机构,学生只有在图书馆内进行必要的阅读和学习,才能够有效提升自己的知识储备能力。但是,由于应试教育结构,学生在进入高校前有效的阅读时间非常少,学生对于阅读没有建立清晰的认识,也缺少最基本的阅读人文性以及结构性,多数学生对阅读架构没有基本的关注,也就导致多数学生进入大学后,还没有建立起很好的阅读习惯。虽然高校设立了综合性的图书馆,但是多数学生也只是在学期考试时才会使用。学生没有良好的阅读计划,高校图书馆在基础阅读推广方面的监管力度也不足,就导致大学生阅读理念进入恶性循环。

（二）有利于提高大学生的综合素质

高校图书馆是大学生学习的第二课堂,也是相当重要的一个课堂。开展阅读推广工作对提高大学生的综合素质具有重要意义。高校图书馆在为大学生专业学习和科学研究提供文献资料和咨询服务的同时,也为大学生准备了内容丰富的阅读材料。

许多大学生的阅读存在着随意性、盲目性、片段性以及功利性等特点,图书馆开展有效的阅读推广工作,能让大学生的阅读生活更有针对性,也更符合个性发展。在应试教育机制的影响下,大学生将注意力更多地集中在英语四、六级考试和计算机过级考试上,缺乏对人文类材料的阅读。网络阅读的轻便性和随意性也导致大学生远

离和排斥书本阅读,逐渐失去了阅读思考的乐趣。高校图书馆开展阅读推广活动,引导大学生有兴趣地深入阅读,养成良好的阅读思考习惯,开阔视野,丰富知识储备,陶冶情操,提高大学生的综合素质。

(三)有利于传承传统文化

高校具有为社会培养和输送人才的作用和职能,大学生肩负着传承优秀传统文化的使命。高校图书馆在为教学和科研工作提供信息支持的同时,也是传承优秀传统文化的重要基地。青年学生对未知世界充满好奇,却忽略了对传统文化的认知和感悟。图书馆可以通过多种形式的活动吸引、感染大学生走进传统文化,认识传统文化,体会传统文化。让大学生真正认识到文化传承与创新同等重要,都是时代赋予他们的使命。

第五节 高校图书馆阅读推广的现状

一、高校图书馆阅读推广中存在的问题

(一)高校图书馆未形成阅读推广活动的常态化

高校图书馆开展阅读推广的目的,是让阅读成为大学生生活中必不可少的一部分,真正把阅读变成一种习惯。而高校开展阅读推广活动大部分集中在4月份,是因为4月23日是世界读书日,而且活动的娱乐休闲的意义大于对阅读推广的意义,同学们也只是阅读兴趣高涨一阵子,这与高校图书馆阅读推广的目的大相径庭。长期有效的机制是能够将活动贯穿于整个大学生生活的。高校图书馆阅读推广活动效果持续性差是一个普遍的问题,其主要原因在于在阅读推广活动中设置的项目不够合理,往往只从提高活动过程中的效果来进行设置,而对于活动效果的持续性缺乏长远考虑,导致大部分师生只是为了参与活动而进行阅读,阅读的目的和观念不正确,存在很大的功利性,有悖于阅读推广活动的根本目的。

在组织机构上,高校图书馆几乎没有高校专门成立的阅读推广机构,缺少专业的人才,将阅读推广活动想得过于简单、轻松。高校图书馆开展任何有意义的活动,都离不开专业人才的帮助,尤其是在当前国家大力推崇阅读推广的今天。

在理论上,阅读推广活动的开展缺乏专业方面的理论支持。虽然近几年来关于高校图书馆阅读推广方法的研究取得了一定的成果,但这些研究都缺乏系统性,很多

成果都重点关注了阅读推广活动的参与人数、人员的年龄层次、性别比例等表面现象,缺乏对阅读推广活动深入的有效性的考察,很少深入研究发达国家以及发达地区高校图书馆阅读推广活动之所以成功的深层次原因。没有理论支持开展活动,只会是胡子眉毛一把抓,没有重点。

(二)数字资源阅读推广存在障碍

文献资源主要涉及数字资源和纸质文献两个方面,以前一提到高校图书馆阅读推广,就会联想到纸质文献的阅读推广。但是随着网络技术的更新换代,网络资源的迅速增加,各种电子产品的普及与应用,数字资源的应用变得越来越重要。数字资源方便快捷的优势弥补了纸质资源体积大、查阅麻烦的缺陷,可以更好地为读者服务。

目前,我国高校虽然数字资源的阅读推广已经逐步开展,但是仍有很多不足之处,需要进一步强化。一方面,数字资源文献检索课程的开设普遍性不够,而且该课程一半是作为选修课而非必修课开设的,学生信息检索与获取方面的知识有所欠缺,大多数读者利用数字资源的技巧和能力有待提高;另一方面,数字资源的文献会有不同的格式和阅读软件,这也对数字资源的阅读推广造成了一定阻碍。另外,就是关于数字资源使用的地域范围问题。高校图书馆在允许读者使用高校图书馆时,存在地域限制。只能是本校学生在学校使用校园网的情况下,才可以下载使用数据库文献,不使用校园网就会被限制权限,这样会影响数字资源的访问量和下载量,不能使学生享受高校图书馆数字资源的权利,影响学习效率。

(三)阅读推广活动过多依赖行政指令

对于高校图书馆的阅读推广活动来说,大多数都是应上级有关部门的倡议和要求而开展的对应性活动,没有同图书馆工作规划、年度考核挂钩,所以在思想意识上就难以形成高度的重视。研究显示,阅读推广活动大多被高校图书馆视为其"亮点"工作,而不是作为当前大学生人才质量培养的基本服务,这种状况导致高校图书馆往往是以突击性、行动式的模式来应付上级布置的任务,形式与内容不能满足当前大学生的实际需要,更不能吸引大学生的广泛关注和参与,所以,阅读推广活动大多都流于形式。

(四)阅读推广活动忽略了读者的主观能动性

现有的高校图书馆的阅读推广活动,都是以一种管理者的态度来开展活动的,是从上到下的俯视,图书馆是阅读推广活动的组织者、引导者与合作者,是知识的传播者和指导者;而学生是学习活动的主体,是阅读推广活动的主要参与者。可是图书馆角色定位却根深蒂固，本位主义、一厢情愿、不调查也不了解读者的阅读需求心理动机和阅读行为。不能够清楚地确定读者的求知愿望，因而无法采取有针对性的合适且有效的阅读推广方式；同时，没有读者的参与反馈，图书馆与读者之间不能灵活互动，图书馆的阅读推广活动也达不到预期的效果。

目前，高校图书馆开展阅读推广活动，只是在国家全民阅读背景下的一种被动行为，忽略了高校读者参与和主观能动性，直接影响了高校阅读推广活动的效果。

（五）阅读推广活动与全民阅读缺乏衔接

从目前高校图书馆阅读推广活动的范围来看，往往只是在校园中进行，活动对象也仅限于在校师生，很少在推广活动的内容及活动的参与方式上与全民阅读进行有效衔接。从高校图书馆的对外服务对象上来看，虽然部分学校向社会开放了一些服务，但是往往仅限于与学校图书馆有渊源的个人或单位，而有些高校图书馆只是在阅读活动期间对外开放，活动结束对社会开放的服务业随之结束。总之，总的来看，高校在面向社会服务的意识不强，阅读推广活动与全民阅读缺乏有效衔接，很难在更高社会的层次上实现阅读推广活动效果的提高。

二、高校图书馆阅读推广存在问题的对策

（一）成立阅读推广活动组织

高校图书馆首先应该建立相关的阅读推广工作部门，负责开展高校图书馆阅读推广的各项工作，包括读者需求调查、本馆现状分析、需要解决的问题等，提出开展高校图书馆阅读推广活动的有效措施和建议，阅读推广部门的建立是高校阅读推广的组织保障。

高校阅读推广活动工作部门专门负责阅读推广活动的开展，这样能有效避免馆内人员互相推脱责任，便于图书馆活动的策划和实施。组织人员有更多精力和时间来钻研活动方面的事宜，使高校阅读推广活动内容更加专业、步骤更加精细、管理人员主人翁意识更强。

高校图书馆工作部门可以根据每次阅读推广活动主题的不同，从图书馆各部门以及各个院系，抽取人员，协助活动的展开。例如，关于"心理健康方面"的读书交流活动，工作部门只是负责商定活动宣传、开展的形式，举办活动资金来源等指导性问题，大方向落实下来，至于细节，如宣传展板的设计、会后交流活动、老师的点评与问题的解答，这些需要艺术设计专业和心理学专业老师同学的配合，取长补短，使活动顺利进行。

（二）切合读者需求，利用新媒体技术，创新阅读推广模式

高校图书馆的阅读推广要以科学合理的方式进行。高校本身是一个人才培养和科学研究的机构，所以在阅读推广中要责无旁贷地发挥积极作用。要科学合理地引领高校阅读发展，在校园内建立阅读推广体系，建立阅读周、阅读角等。此外，将如何实现科学推广列为学校教学和管理方面的课题。多角度、全方位地调动师生的积极性，探求适合学校特点和发展的阅读推广模式。

1. 高校图书馆要借助新媒体平台，全面实现阅读推广和服务

新媒体平台是网络信息化发展下的高校信息传播的重要途径。高校图书馆要重视新媒体平台与阅读推广活动的对接，尽可能地利用新媒体技术为图书馆的阅读推广服务。21世纪初，国外图书馆界新兴的阅读新服务Living Library（生活图书馆），就是一项具体且易于移植的活动，"有助于形成容忍与理解，它是对社会凝聚力的贡献"。通过转变阅读形式，针对节假日、休闲时间，结合图书馆茶室、咖啡屋等场所，因地制宜推行阅读，使阅读真正成为"悦读"。

2. 依托学生社团组织，建立高校阅读自助机构

在高校图书馆阅读推广中，要积极发挥学生的自我引导、自我教育和自我熏陶作用。组建大学生自主阅读的社团组织，辅导学生进行高效阅读，并通过自身活动，加强读者间的交流和相互学习，起到自我推广的作用。

在实际工作中，可以借助图书馆资源，申请学校支持，协同学工处、团委等部门积极鼓励和成立阅读社团组织，帮助大学生养成优秀的阅读习惯。因此，大学生读书社团要全心全意、切实做好读者与管理部门的桥梁，成为校园阅读推广工作的有力推手。

3. 发挥学校名师的引领、示范作用

学术大师、专家教授是一个高校最重要的人力资源。每一所高校都会有一批知识广博、授课风趣、在校园内深受爱戴的优秀教师。在高校阅读推广中，要注重发挥名师的示范效应，宣传名师的读书心得体会，请名师列出必读书目。这些观点、言论、书目会对该校广大的学生读者群体产生深远影响，会对学生的读书习惯、读书的理解起到极大的促进作用，并会引领整个学校的阅读潮流。所以，工作中高校图书馆要积极主动地联系名师，通过邀请名师定期开展活动，如定期开展主题的讲座、邀请名师对专业学习推荐阅读书目等，全方位地帮助大学生阅读，充分借助名师资源，全力推进高校图书馆的阅读推荐活动。

4. 设立阅读交流栏,建设交流场所

交流和互动是阅读推广的重要途径。高校图书馆要在网站主页或专门设立读者交流平台,开设读者心得、名师推荐、交流互动等栏目,给每一个大学生读者自我抒发、自由交流的机会。同时,在校园内,如图书馆内部,设置一个面对面交流分享读书心得的场所。可以邀请书友、老师、图书馆阅读推广人员一起展开面对面的交流,通过这种形式吸引更多的学生参与到读书中来,促进高校读书交流的自由开放。

(三)强化高校图书馆阅读推广活动的理念

全民阅读已经上升为国家战略,高校图书馆应该使阅读推广成为图书馆的主流工作,将高校图书馆阅读推广活动纳入图书馆的重要议事日程,开展图书馆阅读推广必须投入一定的人力、财力,高校图书馆应该投入专项预算经费,支持开展高校图书馆阅读推广。

阅读推广是高校图书馆的发展趋势。高校图书馆阅读推广活动是图书馆发展到一定阶段的产物。高校图书馆的发展经历了三个阶段,即图书的借阅与阅览阶段、数字信息资源检索阶段和高校阅读推广阶段,通过各种活动使读者主动进入图书馆,用心读书。这三个阶段并不是替代关系,而是层层递进的关系。在传统图书借阅与阅览的第一阶段,才会产生大量的馆藏资源;电子资源日益丰富后,数字参考咨询和信息检索方式应运而生,面对众多的数字资源,高校图书馆馆员有义务帮助读者进行资源检索、汇总、推送;拥有了大量纸质和电子资源之后,如何让读者了解高校图书馆现有的资源和服务成为高校图书馆的重点任务,高校阅读推广成为不可阻挡的潮流。

高校阅读推广已经成为高校图书馆日常工作的一部分。在这个知识爆炸的时代,各种网络工具的普及,高校图书馆不应该像以前一样,抱有酒香不怕巷子深的理念,等读者主动来借阅图书,而是应该与时俱进,利用图书馆的图书资源、人力资源积极开展阅读推广活动,将好书、经典呈现在读者面前,重新树立高校图书馆形象,帮助读者养成良好的读书习惯。

高校阅读推广是高校图书馆的根本任务。现在,手机、电脑,各种阅读媒介供人们选择,阅读快餐化、通俗化的现象越来越严重,对纸质阅览的依赖程度下降,在图书馆中的借阅排行榜上,考级考证的书总是借阅量最高的。静下心来仔细阅读的习惯成为过去式。急功近利让学生对阅读的积极性下降。高校图书馆通过有效的措施引导大学生重视阅读,根据高校读者的类型和需求特点,有针对性地开展阅读推广活动,培养大学生坚持读书、用心读书的阅读习惯,对大学生的成长有重要意义。

高校图书馆是高等学校教育的重要组成部分,高校图书馆开展阅读推广活动,可以充分发挥图书馆读书育人、教育育人的服务功能,可以充分利用图书馆文献信息资源,促进大学生阅读能力的提高,完善知识结构,实现大学生的全面发展。

从目前来看,高校图书馆开展阅读推广活动的对象主要是本校师生,对社会提供的阅读服务较少,但是作为全民阅读推广活动的一部分,在社会范围内进行阅读推广活动,可以营造更好的阅读氛围,从而促进活动效果的提升。因此,高校图书馆应该更多地开展社会化阅读服务,实现阅读推广活动的全民参与。图书馆在进行阅读推广活动的策划时,要综合广大师生及社会公众的阅读需求进行设置。还要正确把握好高校阅读推广和全民阅读推广两者间的关系,以在不影响正常教学和科研工作的前提下开展相关推广活动。同时,在阅读推广活动效果稳步提升的情况下,不断进行阅读服务空间的拓展,提高阅读服务的针对性。

大学教育是大学生人生教育的主要阶段,对提高人生质量、文化水平有着决定性的影响。大学生的文化知识学习是大学教育的一部分,社会需要拥有多方面知识的复合型人才,即共性知识是人们进入社会所必需的。大学生的相关知识必须通过图书馆来获得。高校图书馆作为大学生学习知识的主要场所,担负着阅读推广的主要责任,图书馆要围绕"人才培养、素质教育"广泛开展阅读推广活动,促进大学生文化素质的提高。

第六节 高校图书馆的阅读推广服务

一、阅读推广服务的变革

(一)阅读推广服务转型的必要性

1. 社会阅读危机的产生

当前,我国阅读人群分布不均,城乡图书馆藏书量差距较大,人均读书量与阅读时间明显降低,信息时代下多元化的信息内容反而引起了"阅读危机"这一发展现状。为渡过阅读危机,提高国民文化素质,发挥图书馆传播先进文化的职能,图书馆开始转变阅读推广服务理念,按照现代人的生活方式,加强对电子文献、数字图书馆和线上数据资源库的建设,借助移动终端力量扩大图书馆的服务范围。同时,针对不同用户群体对文献的多元化需求,图书馆应加强与其他图书馆、公共文化服务单位之间的文献交流,构建多元信息共享平台,从阅读危机出现的根本原因入手,转变理念、革新技术、创新内容,实现图书馆的良性发展。

2. 公众阅读意识的增强

自"全民阅读"概念提出以来，图书馆、博物馆、文化馆等承载公共文化服务的公益性单位通过开展多样化的阅读推广服务不断增加社会公众的阅读量，强化公众的阅读意识。例如，强化图书馆的馆藏建设、环境建设，采取"图书馆"、家庭、"学校"等网格辐射状态的三维阅读方式，根据不同年龄段用户对阅读的不同需求和反馈进行图书馆馆藏文献的分类、更新、升级，通过多方协同的推广模式加强对社会公众阅读习惯的培养。同时，图书馆也很注重"互联网+"时代下用户的碎片化信息阅读量，通过开通官方微信、微博公众号的方式，及时推送各种图书馆阅读服务，让用户积极主动地参与到图书馆的各项阅读活动中，加快图书馆阅读推广服务的转型升级。

3. 阅读推广服务的发展趋势

从传统纸媒时代到多媒体时代，信息文献的获取方式发生了翻天覆地的变化，社会公众的阅读方式也从纸质阅读、文字阅读、深入阅读逐渐发展为网络阅读、图像阅读、浅显阅读。为迎合社会公众的阅读方式，图书馆在进行阅读推广服务的过程中开始注重网络推广、多媒体合作推广等，致力于运用新兴网络技术加强构建图书馆线上阅读推广服务平台，通过提高用户网上阅读率的方式化解单纯以纸质文献为主的阅读危机，并定期邀请各个领域的专家学者进行网络视频讲座与在线互动直播。图书馆应将传统纸质文献与网络技术相结合，大力发展"线上+线下"的智慧型阅读推广服务，不断满足多媒体信息时代人们的多元化需求。

（二）图书馆学与阅读推广服务

图书馆行业一直关注阅读，关注阅读的内容也很多。其关注的阅读问题大致可以分为阅读行为和阅读服务两类。

阅读行为包括个体阅读行为（一般称为阅读）和社会阅读行为（一般称为国民阅读或全民阅读）。个体阅读行为研究关注个人阅读动机、符号解码过程、阅读能力形成机理等问题。阅读行为涉及人的脑机理，对其研究主要属于教育学、心理学领域。社会阅读行为研究关注国民阅读习性、不同人群的阅读差异等，这些行为涉及社会知识的生产与分配，是一个跨学科研究领域。尽管阅读行为研究不属于图书馆学，但图书馆的文献服务与读者的阅读行为密不可分，阅读行为的研究成果可以帮助图书馆馆员提供更好的服务，因而阅读行为研究在图书馆学中占有重要地位。

阅读推广属于阅读的管理和服务，它是政府、社会团体或个人为促进阅读或改善阅读行为而采取的一种干预阅读的措施。社会管理者和学界认为，良好的国民阅读行为有助于建设更加稳定、有竞争力的社会，因而希望通过倡导全民阅读，健全阅读保障设施，从而达到改变国民阅读习惯或提升国民阅读能力的目标。阅读推广可以是政府的倡导或政策引导、经费投入，也可以是社会团体或个人开展阅读类活动，或提供有助于促进阅读的服务。

图书馆开展的阅读推广是社会团体开展的阅读推广的一种，又称图书馆阅读推广。图书馆学研究图书馆阅读推广，是将阅读推广当作图书馆的一种服务进行研究。图书馆学是所有涉及阅读的研究领域中，唯一将阅读推广作为服务来进行研究的学科。从图书馆服务的发展历程看，近代图书馆出现后，文献借阅服务成为图书馆服务的主要形式。这类服务包括以文献馆藏为支撑的外借服务，以文献馆藏和场所为主要支撑的阅览服务，以馆员和文献为支撑的参考咨询服务。第二次世界大战结束后，为科技和决策提供信息服务成为一种新的图书馆服务。这类服务包括信息咨询、信息检索、科技查新等。20世纪90年代起，一种不同于文献借阅和信息服务的图书馆服务形态迅速发展成为图书馆的主流服务形式之一，这就是阅读推广。

二、泛阅读与图书馆阅读推广

（一）泛阅读时代的阅读

泛阅读时代，读者的阅读环境、阅读内容、阅读方式较之以前都发生了巨大改变。

1. 阅读环境

在阅读环境方面，传统图书馆阅读环境的构建主要体现在图书馆阅读区域分类、阅读环境装修等方面，以舒适的学习环境和分类明确的阅读区域吸引读者。而泛阅读时代智能手机、平板电脑等便携式移动终端和数字图书馆、微信图书馆、微博图书馆等APP应用平台有效地降低了图书馆阅读环境对用户阅读率的影响，通过构建无边界化、易携带化、自主化阅读环境来强化用户的阅读黏性。

2. 阅读内容

在阅读内容方面，传统图书馆的馆藏文献建设主要基于馆员自主购买，馆藏内容虽然具有较强的专业性、科学性和全面性，但由于不同用户在爱好、专业、阅历、兴趣等方面的不同，他们对阅读内容的需求也趋于多样化。而在泛阅读时代，互联网通过搜索引擎可以实现不同国度、行业、学科知识的无缝实时对接。

3. 阅读方式

在阅读方式上，受传统纸质文献和电子文献的制约，用户的阅读方式主要是到馆阅读和网上阅读。而在泛阅读时代，随着阅读载体的不断推广和阅读渠道的多元化，用户的阅读方式趋于网络化和多形态。

（二）泛阅读时代图书馆阅读推广服务的创新意义

1. 扩大阅读推广范围

泛阅读时代，图书馆致力于阅读群体的不断拓展，推行用户群体的泛在化和阅读内容的泛在化。

首先，图书馆通过建设馆藏内容的方式，强化线上内容与线下内容的构建，注重阅读推广服务内容的人性化、专业化和智慧化，在满足用户对普通文本文献资料需求的基础上，深入挖掘用户所在的学习环境。按照用户的阅读习惯、搜索文字、点击内容将用户浏览过的文献资料按照关键词进行深层次智能加工创造，以智慧型、全面化、深入型服务内容吸引更多用户参加阅读活动。

其次，图书馆要在拓展服务群体的基础上，主动让用户参与图书馆各项活动的建设，强化用户的"主人翁"意识，以老用户帮带新用户的方式扩大图书馆阅读推广服务群体。比如，美国加利福尼亚州图书馆采取新用户注册老用户验证码的方式，以阅读积分的形式鼓励老用户积极发展新用户注册使用数字图书馆，较好地实现了用户参与图书馆建设功能，拓展了图书馆阅读推广服务的覆盖范围。

2. 丰富阅读推广形式

图书馆通过各种形式的阅读推广服务，传播不同的文化内容，吸引更多的群体积极开展阅读活动，可以实现图书馆馆藏文献的合理利用。互联网时代，各种不同的信息载体的应用极大地丰富了用户开展阅读活动的方式，除了近几年发展迅猛的微信图书馆、微博图书馆等移动微阅读服务形式，泛阅读时代各行业的广泛参与为图书馆阅读推广提供了新型合作模式。图书馆以企业为单位进行专门的企业服务内容推送，并针对企业用户账号开通绿色通道，企业用户在登录线上图书馆时会进入自动跳转页面，节省了企业用户获取文献的时间。这种"图书馆+企业"的阅读推广模式，丰富了图书馆阅读推广的形式，图书馆开始以主动的服务理念强化与不同行业的相互融合，以开阔性思维增强了图书馆阅读推广形式的多元化。

3. 满足用户的多元需求

由于形式的单一固定和内容的浅显泛化，传统图书馆的阅读推广服务对用户的吸引力较低，既不能拓展对用户群体的覆盖面，也不能通过服务内容增强用户的阅读黏性。为体现泛阅读时代的核心理念，真正以用户需求为发展目标，满足用户的多元需求，图书馆可以通过移动终端平台将线上图书馆与线下图书馆紧密结合，通过在线上设置还书提醒、预约借阅等方式使读者享受便利的线下图书馆服务。河北大学图书馆还开通了"校园图书速递"项目，图书馆用户只需将馆藏书目发送至微信图书馆后台，就可以享受图书快递上门服务，极大地改善了线下图书馆式微的发展局面，同时也满足了不同用户的个性化需求，实现了图书馆阅读推广服务的良性发展。

三、新媒体与阅读推广

（一）高校读者新媒体阅读的特征

新媒体时代改变了高校读者获取信息的渠道和阅读方式，传统的信息获取和交流方式已经不能满足读者的需要，便捷和个性化成为他们的第一需求。

1. 阅读方式备受挑战

高校图书馆是学校的文献资料中心，蕴藏着浩瀚的典籍，以其深厚的文化积聚力满足莘莘学子的求知欲和教师的科研活动。然而，新媒体时代高校读者所需要的信息随处可见、随处可得，在大学生的宿舍、在课堂休息时间，甚至在行走的路上，随处可见到学生用手机上网获取所需信息，新媒体传播方式的改变，引发了阅读的革命。此外，随着高校图书馆加强数字图书馆资源建设，高校读者不再像以往那样勤跑图书馆查阅文献资料，借还图书次数逐渐减少，但网络阅读明显增多，就连撰写科研论文，也多利用图书馆的 CNKI、万方等系列数据库查阅参考文献，改变了传统单一依赖图书馆获取文献资料的局面。

2. 阅读观念的改变

在数字大潮风起云涌的今天，信息传递由书面转向屏幕、由在线转向链接，网络阅读逐步成了高校读者阅读的主流，阅读的观念也发生了重大的转变。数字阅读主体主要集中在青年人群中，青年人是数字阅读的绝对主体。

在传统的阅读时代，读者以纸质图书阅读为主，阅读呈现一种逐步深入的方式，经过阅读、思考、再阅读、再思考的过程，而每一次的再阅读与思考，则使思想达到觉悟与升华，最终达到一种深度阅读的效果，20世纪70年代末至80年代初是全民阅读纸质图书的辉煌年代。在今天这个功利浮躁的年代，基于新媒体的阅读特点，阅读则是一种随意的、碎片式的"泛在阅读"，学生虽然可以从网络上获取知识，但是在网上冲浪一番，下线脑子一片空白。这种浅阅读方式，抛弃了传统的反复品味与思考，从而影响了他们的认知方式、思维方式甚至价值取向，且大部分学生不能专心一致，缺乏深入阅读思考的体验。

（二）高校图书馆的新媒体阅读推广服务

高校图书馆开展阅读推广服务，不仅可以提高文献资源利用率，使图书馆文献资源在高校教书育人和科研活动中发挥其应有的作用，更重要的是培养大学生健康的阅读习惯，在新媒体时代，引导大学生养成良好的网络阅读风气。

1. 新媒体与传统媒体相结合

在新媒体时代下，新媒体层出不穷，功能各异，在对大学生进行阅读推广时，需要根据学生对媒体的使用习惯，并将新媒体和传统媒体相结合，形成优势互补。建立虚拟阅读社群，网络空间里的以阅读分享为目标的虚拟团体是传统读书会在网络上的再生和拓展。开通博客、微博、微信、微书评、阅读 QQ 群等社交媒体平台，不能把单个媒体从整个传播环境中抽离出来看待它的优劣，需让新旧媒体进行更多的融合和功能叠加，形成移动互联网微传播与传统阅读媒体相结合的叠加效应。

2. 针对阅读内容开展多层次导读

大众传媒要将阅读信息传播给尽可能多的大学生，必须使阅读内容尽可能地适合大学生的需求，阅读内容尽可能地明白易懂，让大学生可以轻松、愉快地接受。

对于大学生认为阅读内容难以选择、阅读内容枯燥等问题，需要针对不同类型的大学生的阅读水平和特点，开展多层次、多样性的导读活动，让大学生从对预读内容的陌生、害怕到对阅读内容的熟悉、喜爱。充分利用名人讲座、公开课、微课、微信、微博等形式，进行专题导读。例如，针对大学生非常关注社会时事的特点，图书馆可以面向大学生推出热点阅读专题，邀请相关人士来校就社会热点问题进行讲演，交流讨论。

3. 建立多主题的阅读群体

阅读推广应注重群体的参与度，鼓励联动式推广，即两个或两个以上阅读推广主体联合开展阅读推广活动，共同促进，共同受益。近年来，南京理工大学图书馆主办的"天天悦读青春飞扬"读书沙龙，中国科学技术大学图书馆举办的英才书苑主题读书沙龙，山东师范大学图书馆以学生社团为主体推出的创意悦读等，都为建立多主题阅读群体进行了积极探索。哈尔滨工业大学（威海）图书馆在读者流量较大的借阅室设立专题推荐书架，有面向"国学达人"挑战赛推出的"国学经典"专架，有学生放暑假前推出的"中国好书"专架，有面向新生推出的"青春飞扬，梦想启航"专架等。这些多主题推荐书架，既可以激发学生的潜在需求，又可以盘活图书资源，延长图书的使用周期。

4. 推广全民立体阅读模式

大众传播中，接收者的社会环境直接影响着接收者的接受行为。大学生的阅读受所在学校的直接影响和社会大环境的间接影响。所以针对大学生的阅读推广活动，不能是单一的，需要的是全方位立体阅读模式。

高校阅读推广者要联合校园名师、文坛大家、学院专家、社会成功人士等开展阅读推广；高校间要发挥区域图书馆联盟的作用，办好阅读推广活动。高校阅读推广活动，还应重视出版界的力量。目前，各大出版社和图书公司都通过图书馆与学生接触，可以将这视为一种新的阅读推广活动加以利用。要在阅读推广主体与阅读推广对象之间、阅读推广主体与阅读推广对象之间建立可以交流、互动的立体阅读推广方式。

第二章　大数据背景下的阅读推广策略

第一节　大数据环境

一、大数据概念

最早提出"大数据"时代到来的是全球知名咨询公司麦肯锡。该公司在《大数据创新、竞争和生产力的下一个前沿领域》报告中称"数据,已经渗透到当今每一个行业和业务职能领域,成为重要的生产因素,人们对于海量数据的挖掘和运用,预示着新一波生产率增长和消费者盈余浪潮的到来"。其对大数据的定义是:大数据指的是大小超出常规的数据库工具获取、存储、管理和分析能力的数据集。同时强调,并不是说一定要超过特定TB级的数据集才能算是大数据。大数据是云计算、物联网之后行业又一大颠覆性的技术革命。

(一)大数据的定义

"大数据"需要新处理模式才能具有更强的决策力、洞察发现力和流程优化能力的海量、高增长率和多样化的信息资产。这是某一研究给出的关于大数据的定义。

大数据技术的战略意义不在于掌握庞大的数据信息,而在于对这些含有意义的数据进行专业化处理。换言之,如果把大数据比作一种产业,那么这种产业实现盈利的关键在于提高对数据的"加工能力",通过"加工"实现数据的"增值"。

总的来说,大数据是指无法在一定时间内用常规软件工具对其内容进行抓取、管理和处理的数据集合。

(二)大数据的来源

大数据集通常是PB或EB的大小,这些数据集有各种各样的来源,包括传感器、气候信息、公开的信息等,如杂志、报纸、文章,还包括购买交易记录、网络日志、病历、军事监控、视频和图像档案及大型电子商务等。当前,根据来源的不同,大数据大致分为如下几种类型:

1. 来自人类活动

人们通过社会网络、互联网、健康、金融、经济、交通等活动过程所产生的各类数据,包括微博、病人医疗记录、文字、图形、视频等信息。

2. 来自计算机

各类计算机信息系统产生的数据,以文件、数据库、多媒体等形式存在,也包括审计、日志等自动生成的信息。

3. 来自物理世界

各类数字设备、科学实验与观察所采集的数据,如摄像头所不断产生的数字信号,医疗物联网不断产生的人的各项特征值,气象业务系统采集设备所收集的海量数据等。

(三)大数据的特点

1. 数据体量巨大

百度资料表明,其新首页导航每天需要提供的数据超过1.5PB(1PB=1024TB),这些数据如果打印出来将超过5000亿张A4纸。有资料证实,到目前为止,人类生产的所有印刷材料的数据量仅为200PB。

2. 数据类型多样

现在的数据类型不仅是文本形式,更多的是图片、视频、音频、地理位置信息等多类型的数据,个性化数据占绝对多数。

3. 处理速度快

数据处理遵循"1秒定律",可从各种类型的数据中快速获得高价值的信息。

4. 价值密度低

以视频为例,一小时的视频,在不间断的监控过程中,可能有用的数据仅仅只有一两秒。

(四)大数据的作用

1. 对大数据的处理分析正成为新一代信息技术融合应用的结点

移动互联网、物联网、社交网络、数字家庭、电子商务等是新一代信息技术的应用形态,这些应用不断产生大数据。云计算为这些海量、多样化的大数据提供存储和运算平台。通过对不同来源数据的管理、处理、分析与优化,将结果反馈到上述应用中,将创造出巨大的经济和社会价值。大数据具有催生社会变革的能量。但释放这种能量,需要严谨的数据治理、富有洞见的数据分析和激发管理创新的环境。

2. 大数据是信息产业持续高速增长的新引擎

面向大数据市场的新技术、新产品、新服务、新业态会不断涌现。在硬件与集成设备领域，大数据将对芯片、存储产业产生重要影响，还将催生一体化数据存储处理服务器、内存计算等市场。在软件与服务领域，大数据将促进数据快速处理分析、数据挖掘技术和软件产品的发展。

3. 大数据利用将成为提高核心竞争力的关键因素

各行各业的决策正在从"业务驱动"转变为"数据驱动"。对大数据的分析，可以使零售商实时掌握市场动态并迅速做出应对，可以为商家制定更加精准有效的营销策略，提供决策支持，可以帮助企业为消费者提供更加及时和个性化的服务；在医疗领域，可提高诊断准确性和药物有效性；在公共事业领域，大数据也开始发挥促进经济发展、维护社会稳定等方面的重要作用。

4. 大数据时代科学研究的方法手段将发生重大改变

例如，抽样调查是社会科学的基本研究方法。在大数据时代，可通过实时监测、跟踪研究对象在互联网上产生的海量行为数据，进行挖掘分析，揭示出规律性的东西，提出研究结论和对策。

（五）大数据技术

大数据处理技术正在改变当前计算机的运行模式，正在改变这个世界。它能处理几乎各种类型的海量数据，无论是微博、文章、电子邮件、文档、音频、视频，还是其他形态的数据，它实时、高效、可视化呈现结果。它依托云计算将计算任务分布在大量计算机构成的廉价的资源池上，使用户能够按需获取计算资源、存储资源、网络资源和信息服务。云计算技术的应用使得大数据处理和利用成为可能。大数据作为信息金矿，对其采集、传输、处理和应用的相关技术就是大数据处理技术，是一系列使用非传统的工具来对大量的结构化、半结构化和非结构化数据进行处理，从而获得分析和预测结果的一系列数据处理技术，简称大数据技术。

二、大数据管理

（一）大数据的发展

1. 运营式系统阶段

数据库的出现使得数据管理的复杂度大大降低，实际中数据库大都为运营系统所采用，作为运营系统的数据管理子系统，比如超市的销售记录系统、银行的交易记录系统、医院的医疗记录等。人类社会数据量第一次大的飞跃正是建立在运营式系统开始广泛使用数据库基础上，这个阶段最主要的特点是数据往往伴随着一定的运营活动而产生并记录在数据库中。这种数据的产生方式是被动的。

2. 用户原创内容阶段

互联网的诞生促使人类社会数据量出现第二次大的飞跃，但是真正的数据爆发产生于Web2.0时代，而Web2.0最重要的标志就是用户原创内容。这类数据长期以来持续呈现爆炸性的增长，主要有两方面的原因：首先是以博客、微博为代表的新型社交网络的出现和快速发展，使得用户产生数据的意愿更加强烈；其次就是以智能手机、平板电脑为代表的新型移动设备的出现，这些易携带、全天候接入网络的移动设备使得人们在网上发表自己意见的途径更为便捷。这个阶段数据的产生方式是主动的。

3. 感知式系统阶段

人类社会数据量第三次大的飞跃最终导致了大数据的产生，这次飞跃的根本原因在于感知式系统的广泛使用。随着技术的发展，人们已经有能力制造极其微小的带有处理功能的传感器，并开始将这些设备广泛地布置于社会的各个角落，通过这些设备来对整个社会的运转进行监控。这些设备会源源不断地产生新数据，这种数据的产生方式是自动的。

简单来说，数据的产生经历了被动、主动和自动三个阶段。这些被动、主动和自动的数据共同构成了大数据的数据来源，但其中自动式的数据才是大数据产生的最根本原因。

（二）大数据的处理

1. 流处理

流处理的基本理念是数据的价值会随着时间的流逝而不断减少，因此，尽可能快地对最新的数据做出分析并给出结果是所有流数据处理模式的共同目标。需要采用流数据处理的大数据应用场景主要有网页点击数的实时统计、传感器网络、金融中的高频交易等。

流处理的处理模式将数据视为流，源源不断的数据组成了数据流。当新的数据到来时，就立刻处理并返回所需的结果。

2. 批处理

批处理，也称为批处理脚本。顾名思义，批处理就是对某对象进行批量的处理。大数据管理的核心思想主要是将问题分而治之，把计算推导数据而不是把数据推导计算，有效地避免数据传输过程中产生的大量问题。无论是流处理还是批处理，都是大数据处理的可行思路。大数据的应用类型很多，在实际的大数据处理中，常常并不是简单地只使用其中的某一种，而是将二者结合起来。

（三）大数据的分析

大数据的价值产生于分析过程，从异构数据源抽取和集成的数据构成了数据分析的原始数据，根据不同应用的需求可以从这些数据中选择全部或部分进行分析。传统的分析技术，如数据挖掘、机器学习、统计分析等在大数据时代需要做出调整，因为这些技术在大数据时代面临着一些新的挑战。

1. 数据量大并不一定意味着数据价值的增加

数据量大并不一定意味着数据价值的增加，相反，这往往意味着数据噪声的增多。因此，在数据分析之前必须进行数据清洗等预处理工作，但是预处理如此大量的数据对于机器硬件以及算法都是严峻的考验。

2. 大数据时代的算法需要进行调整

首先，大数据的应用常常具有实时性的特点，算法的准确率不再是大数据应用的最主要指标。很多场景中算法需要在处理的实时性和准确率之间取得一个平衡。其次，云计算是进行大数据处理的有力工具，这就要求很多算法必须做出调整以适应云计算的框架，算法需要变得具有可扩展性。最后，在选择算法处理大数据时必须谨慎。当数据量增长到一定规模以后，可以从小量数据中挖掘出有效信息的算法并不一定适用于大数据。

3. 数据结果好坏的衡量

数据结果好坏的衡量也是数据分析面临的一个重要问题。得到分析结果并不难，但是结果好坏的衡量却是大数据时代数据分析的新挑战。大数据时代的数据量大、类型庞杂，在进行分析时往往对整个数据的分布特点掌握得不太清楚，这会导致最后在设计衡量的方法以及指标时遇到诸多困难。

三、大数据时代

当前的社会是一个数据无处不在的时代，一方面，人们在生活、学习与工作中产生了大量的数据，如记录于数据库中的学习记录、产生于手机终端的信息行为等数据；另一方面，人们也依赖于大量的数据去支撑工作、学习和生活，如基于大量实验数据的科学分析、基于数据统计的趋势展望等。社会也由此进入了一个数据类型多样、来源丰富、数量庞大、价值巨大的大数据时代，对数据的获取、管理与应用也成了大数据时代人们必备的技能素养之一。

（一）大数据与数据素养

大数据时代，数据将充斥在人们的生活环境、学习环境和工作环境之中。例如，在学术研究环境下，人们所利用的研究资料、实验过程等都以数据的形式存在，而科学研究也主要以对这些数据的研究如发展规律、呈现态势等存在，进而形成了以对大量数据的存储、检索、组织和利用为特征的数据密集型科研环境。密集型数据环境的形成发展在推动社会发展的同时，也对民众的技能素养等提出了更高的要求，比如如何实现对大量、异构数据的组织、分析和利用，如何保护涉及个人隐私的数据等。数据素养概念是对媒介素养、信息素养等概念的一种延续和扩展，至少包括以下五个方面的维度：对数据的敏感性，数据的收集能力，数据的分析、处理能力，利用数据进行决策的能力，对数据的批判性思维。可以说，在以计算机、网络的利用为主要特征的信息时代，人们需要具有满足信息社会发展需求的信息素养，如具备一定的信息检索、信息组织等技能；而在大数据时代，民众则需要具备大数据时代社会发展需求、相比较信息素养要求更高的特殊素养，如具备一定的数据组织、数据分析技能。

（二）大数据时代的变革

1. 人类思维方法、行为方式的改变

在小数据和模拟数据时代，人们总是强调"为什么"来认识世界。物理、化学等自然科学里，科学家要在实验室通过反复试验来检验理论或定律为什么是正确的；天文学等学科则根据理论来推测现象，或根据历史数据来验证。只有理论与数据验证一致，才算揭示了现象背后的因果关系，才算回答"为什么"。

在大数据时代，人们更多强调的是"是什么"的问题，也就是寻找事物背后的相关关系。譬如，研究人员利用大数据，不是试图弄懂发动机抛锚或药物副作用消失的确切原因，研究人员可以收集和分析大量有关此类事件的信息及一切相关素材，找出可能有助于预测未来事件发生的规律。在大数据时代，人的行为方式也将发生某种程度的变化。以往一般都是先想好要解决什么问题，再去获取相应的信息。而到了大数据时代，思维方式就变成了先尽可能多地占有信息，遇到问题时再从这海量信息中去"挖掘"解决方案。

2. 企业经营方面的变革

（1）大数据正在改变企业的营销手段。企业的传统营销手段是集中推销和各种广告宣传，更原始的办法是用大量的劳动力来发传单推销产品。而在大数据时代，企业可以充分利用大数据进行精准高效与低成本营销。

（2）大数据正在影响企业管理决策。大数据下决策的技术含量、知识含量大幅提

高,对大数据的有效利用成为企业决策的关键,因此管理大量的数据是个挑战,如果不能找到数据,企业就可能不会收集数据,这些数据就会被丢失掉。大数据时代不仅要求企业具有搜集、分析数据的能力,更需要企业具有处理、利用这些数据的能力。

3. 公共部门服务于管理的变革

大量的事实表明,大数据在政府和公共服务领域的应用,可以有效地推动政务工作的开展,提高政府部门的决策水平,产生巨大的社会价值。

第二节 大数据背景下的阅读推广内涵

一、阅读推广

(一)阅读推广的概念

"阅读推广"一词来源于英文"Reading Promotion","Promotion"除可翻译为"推广"外,还有"促进、提升"的意思,所以也有人将"Reading Promotion"翻译为"阅读促进"。

1995年联合国教科文组织确定每年的4月23日为"世界图书与版权日"(World Book and Copyright Day),1997年又发起"全民阅读"(Reading for All)活动。国际上发出全民阅读的倡议之后,我国迅速响应,顺理成章地借用了"Reading Promotion"这个概念,通常将其翻译为"阅读推广"。于是自1997年以来,"阅读推广"逐渐成为国内图书馆界、出版界的一个常用词、高频词。按照字面理解,"阅读推广"无非就是为推动全民阅读的实现而开展的所有引导阅读、激励阅读活动的统称。有学者给"阅读推广"下的定义是:"阅读推广"顾名思义,就是推广阅读;简言之,就是社会组织或个人为促进人们阅读而开展的相关活动,也就是将有益于个人和社会的阅读活动推而广之;详言之,就是社会组织或个人,为促进阅读这一人类独有的活动,采用相应的途径和方式,扩展阅读的作用范围,增强阅读的影响力,使人们更有意愿、更有条件参与阅读的文化活动和事业。

简单来说,阅读推广,就是为了推动人人阅读,以提高人类文化素质、提升各民族软实力、加快各国富强和民族振兴的进程为战略目标,而由各国的机构和个人开展的旨在培养民众的阅读兴趣、阅读习惯,提高民众的阅读质量、阅读能力、阅读效果的活动。

培养阅读兴趣解决的是阅读的动力问题，是其他阅读活动的前提。一个人只有阅读兴趣培养起来了，才终身具有阅读饥饿感，对阅读充满激情。

培养阅读习惯解决的是阅读的惯性、持久性问题，一个人只有养成阅读习惯，才会把阅读作为一种生活方式，将其像空气和水一样对待，不可分离。这种生活方式和工作方式相结合，将会变成一种强大的创新力量和道德力量。

提高阅读质量解决的是阅读的内容和品位问题，人生有涯，而知识无涯，以有涯人生面对无涯知识，只能择善而读，所以好书需要挑选，读书需要引导。一切关于好书的出版、推荐、导读工作，目的都是提高人们的阅读质量。

提高阅读能力解决的是阅读的方法和技巧问题。也就是解决阅读的效率问题。不管是一目十行读书法、对角线读书法，还是蚕吃桑叶读书法、不求甚解读书法等，都各有优点，要把各种各样的提高阅读效率的方法教给读者。

提高阅读效果解决的是阅读的理解水平问题，即阅读的消化、吸收问题。阅读的最终目的是吸收读物的内容，实现阅读目标。阅读推广服务于所有的正当的阅读目的，不管是功利阅读还是休闲阅读，都不应该是阅读推广歧视或嘲讽的对象，阅读推广活动应该帮助各种怀揣正当阅读目标的读者实现其理想。

阅读兴趣、阅读习惯、阅读质量、阅读能力、阅读效果这五个概念，在阅读推广活动中具有最大的通约性，规约了阅读推广的内涵和外延，一切阅读推广活动都是围绕着这五个范畴来开展的。

（二）阅读推广的要素

阅读推广与其他事物一样，其构成中具备了一些不可或缺的要素，这些要素共同体现着阅读推广的性质与特点。总体上看，阅读推广由六种要素构成，即目的、主体、对象、内容、活动、效果。阅读推广的各要素含义比较丰富，具有个别性、多样性、可识别性、不可分割性等特点。阅读推广的各要素之间联系密切、相辅相成。在阅读推广过程中，阅读推广主体是基于一定的阅读推广目的，面向一定的阅读推广对象，选择一定的阅读推广内容，开展一定的阅读推广活动，达到一定的阅读推广效果。

其中："目的"表达着阅读推广的主导思想和目标取向；"主体"是阅读推广的能动要素和直接力量；"阅读推广对象"是阅读推广的目标群体和服务归宿，其他要素必须围绕对象而实现价值；"内容"规定着阅读推广的实质内涵和运行核心，是联系主体和对象的内容媒介；"活动"展现着阅读推广的外在样式和规模范围，是联系主体和对象的形式媒介，也是其他阅读推广要素发挥作用的平台；"效果"反映着阅读推广的社会效应和文化成果，是其他要素共同作用的结果。实际上，对每一项阅读推广要素的认识，就是对阅读推广整体认识的深化；对每一项阅读推广要素的优化，有益于对阅读推广整体的优化。

（三）阅读推广的目的

阅读推广的目的是指开展阅读推广所期冀的作用和价值。阅读推广的目的具有引导性、预测性、贯通性、主观性等特点。研究阅读推广的目的，主要是明确"为何推广"的问题。一种事物的作用和价值实际上是人们对这种事物的情感赋予，社会大众对阅读推广作用和价值的理解，关系人们对阅读推广的认同度、重视度、参与度、支持度。

人类阅读带来的积极影响是多方面的，但最本质的作用和价值是从历代积累的和最新产生的阅读资源中获取信息，从而使每一位参与阅读的社会成员得以增进知识、提升智慧、愉悦身心、修养品行、成就事业；社会成员的进步最终必然促进社会整体的发展，具体表现出来的效应就是传承文化、教化民众、开发智源、促进创新、助力生产，进而提高全民族的阅读水平，提振全民族的精神力量。

然而，对社会个体和社会整体均具有深远意义的阅读，却在现代文明高度发达的今天步入尴尬的境地。人们正在经受着来自技术的和人文的双重冲击：一方面，瞬息万变的信息技术带来了海量的信息，也提供了科学有效的检索获取手段，人们可以跨时空、全方位、方便快捷地阅读到自己需要的任何资源；另一方面，多元价值的人文环境使得社会阅读风气低落，如图书馆借阅率下降、实体书店萎缩、读经典的人减少、过分实用和浅尝辄止的"伪阅读"增多等。

二、阅读推广的主客体

（一）阅读推广的主体

阅读推广的主体也就是通常所说的阅读推广者，是指在阅读推广过程中发起并承担主要责任与义务的社会组织或个人，包括各种阅读推广活动的倡导者、领导者、组织者、实施者、支持者等。阅读推广的主体具有社会性、能动性、多元性、合作性等特点。阅读推广主体涉及不同的社会力量，每一种社会力量都是显在的或隐性的阅读推广力量。

1. 阅读推广的主体类型

阅读推广的主体分布在社会的各个层级，上到国际组织，下到社会个体，都可以作为阅读推广的主体。

（1）国际组织。阅读关系着人类发展，阅读推广自然成为世界性话题，受到国际组织的关注。例如，成立于1955年的国际阅读协会是一个国际性的非营利性的阅读推广专业组织，旨在提高人们的阅读水平，倡导终身阅读的习惯，加强阅读指导，促进阅读问题的研究。

（2）国家以及各级政府。国家以及各级（省、地市、县区、乡镇）政府可以通过影响力和权威性，制定相关政策，协调各方面的阅读资源。很多国家将阅读推广作为国家战略和国家工程来开展。

（3）社区。阅读推广活动在社区开展，有利于家长、子女共同参加，便利居民在家门口读书，密切了邻里关系。

（4）家庭。对子女阅读而言，家庭的氛围、父母的示范无可替代。中国优秀的"耕读传家"传统，风靡英国的"阅读起跑线"计划，值得每一位家长学习借鉴。

（5）社会个体。无论是社会名人，还是普通公民，都可以为阅读推广尽心尽力。

2. 阅读推广人

阅读推广人是指通过多种渠道、形式和载体向公众传播阅读理念、开展阅读指导、提升市民阅读兴趣和阅读能力的专业和业余人士。

它是一个崭新的社会身份，他们都有各自的职业，却不为名利，在做着一件相同的事情告诉家长、老师、孩子哪些是最好的书，如何选择、阅读这些最优秀的书籍。有人将其定义为职业，在强大的利益需求与民众混沌的渴望之中，扮演面目模糊的中介商角色；有人定义为荣誉，是商业洪流中坚守一份良知，研习不同人群的精神所需，庄重地推荐自己的所知、所爱、所信。

（1）推广作用。阅读推广人的职责是推广阅读，传递阅读价值观念，帮助他人尤其是青少年培养必需的阅读兴趣与纯正的阅读品位，获得阅读能力、思辨能力和批判能力。他们关注市民的阅读兴趣培养和阅读能力建设，推动他人从"爱读"走向"会读"。他们还关注阅读公平，为推动弱势群体阅读创造条件。

（2）凝聚作用。一般而言，阅读是一种私人化的行为。但是，阅读又有社会性的一面。这不仅是指人的存在有一种社会性，也指阅读本身需要有交流、交锋。阅读推广人通过"一对多"的组织形式，在学校、社区、机关、网络空间里凝聚成一个个探索真理、互相激励的阅读型团体。越来越多的阅读型团体的出现，是一座城市求学问、道风气的直接表现。它不仅赋予一座城市以活力，而且赋予一座城市以文明沉稳的性格和超越肤浅表象的深度和高度。

（3）塑形作用。阅读推广人除了在日常的读书活动中进行阅读推广，还应通过经常性的阅读活动和团体性亮相，提醒他人崇尚阅读、坚持阅读，确立他人"让阅读成为一种生活方式"的文化时尚和生命价值坐标。通过塑造一个人的精神气质,进而塑造一座城市的新的文化传统。

(4)下沉作用。阅读推广人在基层的阅读组织及各类阅读推广活动,一定程度上弥补了基层图书馆阅读推广服务的不足,推动阅读中心下移,真正实现了阅读走向基层、走进民间。

(二)阅读推广的对象

阅读推广的对象是指阅读推广的目标群体,其具有受众性、广泛性、差异性、反馈性等特点。阅读推广要面向全体社会大众,有必要清楚地了解不同人群的阅读特点,以便有针对性地开展阅读活动。

1. 从阅读需求看

每一个社会个体都生活在一定的社会环境中,人们的个体特征以及生活经历等如果有相同或相似之处,就有可能存在着相同或相似的阅读需求;反之,就有可能存在相异或相反的阅读需求。阅读推广时应该认真分析,以采取相应的阅读推广方略。

(1)同质人群。这是由特点相同或相似的个体组成的群体。例如,在一个组织机构中,其成员一般会有相同的工作任务、相似的能力条件、相近的学习环境,因为在开展阅读活动时,就可以根据阅读的目标,指定必读书目,邀请共同的辅导老师,规定一致的阅读方式。这样,个体之间往往会产生共同的阅读话题,也容易形成共情的态度和气氛,并得到相互理解和支持。

(2)异质人群。这是由特点不同而又互相依赖的个体组成的群体,是与同质群体相对而言的。在这样的人群中,各有各的特点,有着不同的阅读需求。在开展阅读活动时,除了必读书目外,各成员还可以根据自己的特点广泛阅读图书,这样就形成了和而不同的阅读局面。

2. 从阅读环境看

人们所处的阅读环境往往发展不平衡,其拥有的经济能力不同、可用的阅读资源不同,会客观上对阅读行为有所影响。一般而言,如果一个人在居住地的图书馆及书店不能很容易地借到一本书,或在网络上不能轻松地打开或下载一本书,那么就很有可能放弃对这本书的阅读。

(1)方便人群。方便人群是指可以方便地获得阅读资源的人群。他们在日常的活动空间内,既可以方便地利用图书馆及书店,又可以顺畅地利用网络和数据库。

(2)不便人群。不便人群是指必须通过一定努力才能获得阅读资源的人群。他们在日常的活动空间内，图书馆、书店距离居住地或工作单位较远，可以利用的网络资源和数据库资源较贫乏。

（3）困难人群。困难人群是指通过自身努力也难以获得阅读资源的人群。他们在日常的活动空间内，图书馆、书店距离十分遥远，基本上没有网络资源、数据库资源可用。相比较而言，阅读推广者实际上更应该帮助阅读的弱势群体，缩小"信息鸿沟"。

3. 从认知水平看

阅读推广因对象的认知水平和阅读能力不同，阅读推广者所采用的阅读推广方略、施加的阅读推广力度也应有所不同。在社会活动中，"信息不对称"是一种客观存在，不断增长着的阅读资源，相对于阅读能力强的高端人群显现着"时差"现象，相对于阅读能力弱的特殊人群显现着"势差"现象。

（1）高端人群。高端人群是指能够超常进行阅读的人群，他们具有强烈的阅读意愿，具备良好的阅读能力，熟悉各类阅读资源。阅读推广主要是帮助他们获知最新的阅读资源信息，及时掌握最新的检索系统。

（2）普通人群。普通人群是指能够正常进行阅读的人群，他们具有一定的阅读意愿，具备较好的阅读能力。阅读推广主要是帮助他们提升阅读品质，使他们更充分、更有效地利用阅读资源。

（3）特殊人群。特殊人群是指不能正常进行阅读的人群。例如，缺乏阅读意愿的人，文化程度低而阅读能力差的人，因信息技能不足而不会利用数字资源的人，因残障、疾患、体衰等而影响阅读的人，因年幼或衰老而无法正常阅读的人。对此，阅读推广提供的应是一种介入性更强的建立、改造、重塑个人阅读行为的服务，或者能够帮助他们提升读写能力与信息技能，或者能够实施有效的阅读救助。

第三节　大数据背景下的阅读推广模式

模式是指从生产经验和生活经验中经过抽象和升华提炼出来的核心知识体系。简单来说，它就是解决某一类问题的方法论，把解决这类问题的方法总结归纳到理论高度，那就是模式。阅读推广模式就是在阅读推广工作中，通过实践形成并证明是非常有效的解决有关问题的办法，是具有活动主题、操作方法、运行程序和效果测评等一系列核心问题的指示体系。阅读推广工作必须借助媒体平台才能正常运行，在大数据环境下，随着数据信息的爆炸式增长，更需要借助相关媒体来更好地进行阅读推广。

一、大数据时代的阅读

（一）我国的大数据时代

大数据时代是数字化时代的延伸，数字化时代就是通常所说的运用计算机将生活中的信息转化为 0 和 1 的过程，是信息领域的数字技术向人类生活各个领域全面推进的过程。通信领域包括大众传播领域内的传播技术手段以数字制式全面替代传统模拟制式的转变过程。数字化时代是一个伟大的时代，尤其是传媒领域通过计算机存储、处理和传播的信息得到最大限度的推广和传播，数字技术已经成为当代各类传媒的核心技术和普遍技术。大数据时代有着 4V 的特点，即规模性（volume）、多样性（variety）、高速性（velocity)和价值性（value)。

中华民族有五千多年连绵不断的文明史，博大精深的中华文化为人类文明进步做出了不可磨灭的贡献。独特的文化传统，独特的历史命运，独特的基本国情，注定了必然要走适合自己特点的发展道路。在这样一个时代，我们应该顺应信息技术的发展，推动教育变革和创新，构建网络化、数字化、个性化、终身化的教育体系，建设"人人皆学、处处能学、时时可学"的学习型社会。

（二）大数据时代阅读的特点

1.阅读内容的特点

"阅读内容"即"读什么"，在大数据时代，媒体在技术驱动下正在重塑传媒与传播，这包括社交传播的力量、自媒体的力量，还有个性化推荐的力量。从挑战角度来讲，有可能带来这样一种现象：由于人性中对娱乐、消遣、八卦、猎奇的喜好，自媒体生产的大量在真实、客观、权威、全面等关键指标领域远不如传统机构媒体的内容，在个性化推荐与社交化传播的合力下，反而得到了更大范围的传播。

人们每天接受了越来越多耸人听闻的，以及大量有意思但是没有意义的内容。在这样的情况下，每个人都可成为信息生产者，也可成为信息消费者，这种从生产到消费的过程与传统媒介不同，没有设置信息安检员，信息质量堪忧。庞大的数据流背景下，人们寻找阅读内容的过程变得烦冗不堪，有价值信息如何被发现更具研究价值。大数据时代人们读什么成为阅读的核心。

2.阅读方式的特点

"阅读方式"就是"怎么读"，目的是"善读书"。受数字媒介迅猛发展的影响，传统的阅读模式已经不是唯一的阅读模式，即时在线浏览随着时代的发展逐步成为主流阅读模式，阅读进入了"数字化"时代。相较传统纸质阅读，数字媒介阅读有许多优点。

首先,从阅读效果看,它将图片、声频、视频、文字等一切可以利用的介质有机地融合在数字的"书"中,使原本呆板的"文字"变得灵动,还原具体环境与场景,帮助读者理解,利于吸引读者。其次,数字化书籍容量大、成本低、易于携带且传播快。最后,阅读方式便利,读者可随时随地用手机等移动数字设备阅览感兴趣的文献信息,最大限度地满足阅读愿望。

3. 阅读环境的特点

"阅读环境"即"在哪读",大数据时代"阅读环境"包括物理空间或者实体环境、阅读氛围,还包括虚拟环境。"阅读环境"的好坏应从便利性、舒适性、可交流性来评判。大数据时代,人们不必辗转于书店或图书馆就能方便地在网上获取文献信息。阅读平台提供读者交流互动平台,阅读不再只是个人与书本间的点对点的单向获取信息方式,而是通过互动平台引入对话机制,使信息获取转化为点对面的群体社交式。在虚拟的世界里便于各抒己见,利于信息分享与传播。

二、传统的阅读推广模式

(一)传统的媒体模式

传统的媒体模式就是运用户内外广告、墙报、宣传栏和广播、报刊等传统媒体开展阅读推广活动而形成的成功方法,如图书推介、读书活动、阅读交流、图书馆论坛和图书馆教育等。随着新媒体的发展以及跨媒体阅读的普及,传统的阅读推广模式也在不断创新和发展。

(二)图书推介

图书推介就是把图书推荐给读者,让读者了解图书并接受图书的阅读推广活动。图书推介是以图书或新图书为标本,通过对其内容、特色的介绍让读者知晓自己的需要,从而最快也最准确地定位自己的图书选择。它是最简单、最直接,也是最有效的阅读推广方式,有书目推荐、新书介绍、样书展示、图书评介、现场签售等推介形式。

1. 书目推荐

推荐书目也称导读书目、举要书目、选读书目、必读书目或劝学书目,是针对一定的读者对象,对某一专门问题的文献经过精心选择而编成的书目,供读者学习某门知识或了解某一事件,也包括为配合专业学习和研究而编的专业阅读书目。

推荐书目不仅引导读者读哪些书,指明读书的先后次序,还进一步指导怎样阅读。当前的书目推荐主体,既有专家学者,也有政府部门、社会团体、图书馆、高校等非营利组织,还有商业性出版社、网站和职业推广人。由此导致推荐书目的类型增加、数量"泛滥"、倾向性重归多元。由于信息技术的发展,推荐载体和推荐方式的进步正在弥补传统书目更新不足的弊端。有学者从"消除网络信息迷航"的功效出发,将学科导航和专业搜索引擎也作为推荐书目的变体。

2. 新书推介

新书推介就是把最新出版的图书推荐介绍给读者,让新书得到读者的认可,尽快获得社会效益。这种阅读推广活动的成功开展,主要要求新书要新、推荐要快、介绍要明。

(1)新书要新。新书的最大价值在于"新"。所谓"新",首先是新近出版的,出版的时间越近越好,一般为半年左右才能"新";其次是内容新,新书应该是自然科学、社会科学领域的作者最新研究成果,或人文学科作者最新创作的艺术作品,是人类智慧的最新结晶;最后是书的品相新,新的印刷、新的装帧、新的面貌。"新"是阅读推广的"拿手好戏",也是最吸引读者眼球的亮点。

(2)推荐要快。阅读推广者一定要建立畅通的信息网络,最敏感、最准确地捕捉出版信息,筛选出最适合自己读者群的新书,在第一时间发布消息。在新书推介活动中,谁最抢占先机,谁就是赢家。

(3)介绍要明。新书的推出并让读者毫无障碍地接受,必须依赖于介绍。介绍新书,要抓住新书的主旨内容、特色之处。介绍的策略是结合受众的特点来抓住读者的阅读欲望,必要的时候也可以打作者牌、背景牌,增强吸引力;介绍的内容必须简明扼要,既抓住要点,又留有悬念,让读者欲读不能、欲罢不已。

(三)读书活动

阅读推广工作的终极目标是让更多的人读更多的书,从这个意义上说,读书活动是直接指向阅读推广终极目标的,是具有显著效果的。读书活动,以读书为活动主体项目和重要内容,让读者在"读"的过程中走近图书,从而热爱阅读,并能长久地阅读。传统读书活动有读书月或读书节、读书沙龙、读书演讲和读书征文等。

1. 读书月

读书月是以促进图书阅读为主要目的的阅读推广活动,就是选择某一个特定的日期或时期,开展一系列的阅读推广活动。比如,每年4月23日的"世界读书日",也可设置为以此为起点、中点或终点的读书周、读书月、读书节活动。

2. 读书沙龙

读书沙龙是一种相对于讲座而言更轻松活泼的书友交流聚会方式,是由热爱读书者聚焦而开展的阅读交流活动。它以交流阅读经验、分享阅读成果为目的。读书沙龙的举办有多种形式，如读者自发举办、媒体组织举办，或由图书馆、出版社、书店、民间协会组织举办。

（1）自发举办的读书沙龙。读者有相同的阅读兴趣或阅读取向，经常围绕某一个主题、题材，甚至某一作者的作品、某一本著作开展阅读交流或讨论。

（2）媒体举办的读书沙龙。一般是围绕一个较为重大的选题、有影响力的作者或作品，邀请作家、媒体评论家、学者、读者等代表参加讨论，以推广重要作家作品，引导社会阅读取向，引起社会高度关注，同时提升媒体的影响力和使用率。

（3）图书馆开展的读书沙龙。以聚合同类读者为主要方式，研讨相同或相似的阅读问题，以促进读者之间的交流。

（4）出版社和书店开展的读书沙龙。针对某一类热门素材或者某些畅销书籍，以提高公众读者的关注度，促进图书的销售，既提高经济效益，也有社会效益。相对于读书月而言，读书沙龙更具有随机性、应时性、专题性等特征，并且它的参与对象是有一定阅读品位和知识水平的读者及部分高端人群。所以，读书沙龙更重视学术性。

三、大数据环境下的阅读推广模式

（一）信息技术与阅读推广

1. 信息技术环境

当前的信息技术环境已经给阅读推广提供了足够的支撑，如云计算、平板电脑、智能手机、微博、微信、社交网络、游戏式学习、体感技术、二维条形码、在线教育等。这些基本上都可以应用于阅读推广工作，而在技术平台的应用上，越来越向移动互联网和云平台发展。

（1）覆盖面广。传统的阅读推广活动，如经典导读讲座、读书分享会，参与者往往只有几十、上百人，而通过信息技术构建的阅读平台，可以达到上万读者参与，不仅包括图书馆的正式读者，还可以面向社会公众、图书馆同行等，阅读推广的实际效果非常明显。

（2）效率高。工作效率高，通过信息技术构建的阅读推广系统和平台，一方面通常能完成整个阅读推广活动的读者报名、推广活动、统计分析等工作，馆员不需要每个过程都介入，今后还能重复使用，因此工作效率高；另一方面，系统可以轻松将活动的各个环节的信息告知全部读者，推广效率高。

（3）对读者吸引力大。通过多媒体、大数据分析、虚拟现实、在线游戏等方式构建的阅读推广活动，或者通过微博、微信等新媒体平台进行推广，正是读者关心和经常利用的技术方式,因此对读者的吸引力更大,参与度更高。

2.信息技术阅读推广模式

(1)大数据理念推广模式。随着大数据理念深入社会的各个领域,图书馆日益重视日常业务中产生的大量用户数据、借阅数据、访问数据,于是产生了基于大数据理念的阅读推广模式。

上海图书馆自2012年开始,每年给读者发一封个性化的年度阅读账单,历数读者的阅读足迹,根据借阅图书的数量,读者会获得文青、极客、书虫等称号。这个账单还包括上海图书馆的读者每人平均借阅书本册数、借阅量最大的读者借过多少册、借阅频率最高的书被多少读者借过、上海市中心图书馆的规模等统计数据。根据账单,上海图书馆也会不失时机地为读者推介各项贴心服务。

自2013年开始,厦门大学图书馆为毕业生送上毕业贺礼"书·时光",分五个部分"缘起、初恋、故事、书单、告别",五幅美丽的插画配上优美的文字,犹如一本画册,将毕业生在图书馆内的足迹和借阅数据用讲故事的形式展现出来,文艺范中带着温馨,受到了毕业生的热捧。其他大学图书馆等也有类似的毕业生服务。

(2)游戏式推广模式。游戏式推广因其强有力的参与性优势,创新了图书馆阅读推广的内容,成为图书馆界的一股新力量。游戏式推广通过设计多样性和互动性的网络游戏来与读者进行沟通,各种游戏通过有趣的、个性化的互动设计,既能引起读者的兴趣,又能把图书馆的阅读推广信息推送给读者,收到了极好的效果。

例如,武汉大学图书馆将虚拟馆员融入阅读推广,拉近了与读者的距离,然后以虚拟馆员为主角,推出新生通关游戏"拯救小布",推介图书馆服务,以游戏的形式推广阅读,使读者在参与答题活动的过程中自觉、主动地关注、搜集整理、学习有关经典名著的知识,潜移默化地接受经典阅读教育。

(二)移动新媒体与阅读推广

1.移动新媒体环境与阅读

阅读方式对高校图书馆用户的阅读认知产生了深远影响。目前,新媒体阅读逐渐成为高校学生获取图书资源、检索信息的主要方式,新媒体技术也改变了学生的学习交流方式。很多大学生都选择利用新媒体获取信息。移动新媒体为大众提供了丰富的阅读途径,成为大学生拓宽视野、建构知识体系的有效工具。同时,移动新媒体下的碎片化阅读方式,改变了人们固有的阅读思维,使得"碎读现象"成为常态。基于新媒体的阅读方式具有交互立体化特征,用户可以利用微信等进行信息交流,也创造了阅读乐趣。

2. 移动新媒体阅读推广模式

（1）电子阅读器数字阅读推广模式。用于专门读取数字阅读信息的移动设备就称作电子阅读器，具备设置书签、做标注及存储阅读信息等功能。它不同于具备数字阅读功能的平板电脑等设备，相对而言功能多样、携带便捷，不仅可以存储海量数字资源，还具有保护视力的作用。

近年来，我国的当当网、方正集团等纷纷推出不同形式的电子阅读器，为用户的数字阅读提供便利，并尽快抢占市场。我国国家图书馆最先推出以电子阅读器外借为主体的数字阅读推广服务，用户只需要缴纳部分押金，就可以领取图书馆提供的电子阅读器，并且通过图书馆网站自由检索和下载感兴趣的内容，不仅满足了用户的个性化数字阅读需求，也提升了数字资源的利用率。这项业务一经推出就获得了读者的欢迎，也引起了其他图书馆的广泛关注。

（2）移动图书馆数字阅读推广模式。用户利用智能手机等下载移动图书馆客户端后，就可以在线访问图书馆数字资源，并且办理图书借阅、文献资源申请等业务。移动图书馆服务模式的应用，能够对不同机构、不同平台的数字阅读资源进行整合，注重对数字化资源的推荐，并且能够结合用户需求主动提供阅读资源下载、信息查询等服务。高校图书馆在建设移动图书馆的基础上，可以针对用户需求开展体验式阅读推广服务，以用户需求为导向生产移动服务产品，建立图书馆与用户之间的良性互动。通过对内外部数字资源的整合，关注数字阅读服务中的用户体验，以需求牵引提供不同层次的阅读产品。同时，充分利用微博、电子报刊等移动新媒体，加大对高校图书馆的宣传力度，让用户进一步认识移动图书馆服务，进而赢得更多用户对图书馆的信任。

第四节　大数据背景下的阅读推广案例

一、大数据背景下的阅读现状

（一）大数据时代的阅读

计算机信息技术的日臻完善，加快了大数据时代的到来。早在2012年美国纽约时报就向大众宣布了大数据时代到来的消息，一时间引起了广泛关注。在大数据时代下，大数据技术加快了对密集型数据的挖掘、分析、处理，随时随地都会产生海量数据,为人们的生活、工作、学习等提供了多种服务,加快了整个社会的创新发展。基于如此的时代背景,人们在图书馆阅读上有了更多的选择,突显个性、自主、创意的阅读模式备受青睐,有效利用大数据技术为图书馆阅读的推广提供了可能。

(二)大数据技术在阅读方面的应用

1. 大数据技术促进阅读发展

众所周知,传统的图书馆阅读多为静态阅读模式,这是人们获取知识的有效途径,但有一定的时间和空间限制,要求阅读者耗费大量的时间待在图书馆阅读,无法满足更多阅读者利用零碎时间阅读学习的需求。同时,部分图书馆的书籍资料较为陈旧,没能及时更新存储,阅读者难以找到最新的资料讯息,加之图书数量众多,没有严格的分类规整,阅读者需要耗费不少时间寻找自己需要的书籍,或是同类型的书籍数量有限,难以满足多人同时阅读学习的需要。这些因素会大大削弱阅读者的积极性,不再踏入图书馆进行阅读学习。而大数据时代的到来,刚好能够有效地弥补传统图书馆阅读的缺陷,人们可以利用现代信息科学技术和工具,在互联网上开放的电子图书馆中,使用智能手机、平板电脑等多种终端工具下载借阅各种图书资料,形成多元化的阅读模式,打破图书馆时间与空间的限制,满足人们随时随地利用零碎时间阅读学习的需求。

2. 大数据技术应用中的问题

在肯定大数据时代给阅读带来的优势和好处时,也不能忽视大数据技术在图书馆阅读推广中的不足与问题。

(1)阅读市场的混乱。大数据导致移动阅读市场更加复杂混乱,给一些自制力不足的阅读者带来巨大冲击。

(2)图书阅读质量差。电信运营商为了获得更多经济利润,往往忽略了提供图书阅读的质量,并以微博、短信、微信等短篇幅的形式将长内容进行传送,在给阅读者带来娱乐的同时忽略了阅读者的知识体系构成。

(3)阅读思维的迷失。随着大数据为人们提供了更多阅读选择,人们会更趋向娱乐性质,对冗长、有深度的文字厌烦心理越来越严重,"浅阅读"和"泛阅读"成为主流,难以有效地丰富阅读者的知识结构,不利于文化思维形式与人格的完善。由此可见,图书馆阅读在全民阅读活动中还是占有一定地位的,但是需要借助大数据技术,以多种活动形式加大图书馆阅读的推广力度,进一步促进人们文化素质的提高,积极响应国家政府号召。在利用大数据对阅读活动进行推广的同时,也要注意引导阅读方向,合理利用先进技术促进阅读发展。

二、大数据环境下阅读推广案例

图书馆作为阅读推广的主体,在阅读推广工作中占据重要的地位。在当前社会中,随着大数据时代的发展,传统媒体与新媒体也在逐渐融合,但对大多数图书馆来说,阅读推广活动还是以传统媒体为主要方式。不过,借助网络的发展,融入阅读推广工作,并在有条件使用新媒体技术的同时,主动积极地融合阅读推广工作,是非常有必要的。

(一)移动图书馆与阅读推广

1. 移动图书馆的发展背景

移动图书馆就是借用网络平台及手机、移动阅读器等新媒介,无线下载图书馆的文献和信息资源,实现移动在线阅读和交流等功能。在以手机为主的移动设备非常普及的今天,推出移动图书馆服务具有必要性与可行性。

首先,随着国民文化知识水平和文明素质的提高,阅读需求也在逐渐提升,娱乐消遣性、功利追求性等浅阅读充斥网络媒体,图书馆阅读作为人类文化知识传播的重要途径,要占领国民知识阅读的阵地,引导国民在全媒体环境中走向提升文化知识和精神品质的深阅读。移动图书馆就是要在时尚文化消费中争取一席之地,就是为了在当今的大众化阅读方式中不缺位。这些说明了移动图书馆的推广是非常必要的。

其次,手机的普及让大众移动阅读成为可能,而其他高端移动新媒体的增多,更扩大了移动阅读的群体。相比其他机构的阅读推广,移动图书馆更具有知识性、公益性和无偿性,提供更有深广度和准确性的知识,开展科学的专业性知识服务。

2. 移动图书馆的功能

(1)移动 OPAC。读者可以通过手机访问馆藏 OPAC 系统,提供基本的字段检索。读者需要的书目信息可以发送到读者手机,方便读者进馆找书。读者登录移动图书馆可以查阅借阅信息,完成图书续借等服务。

(2)短信服务。读者可以通过手机短信获取书目信息。读者可以自由选择订阅催还提醒、预约到书提醒、图书馆资源动态、最新消息等服务。

(3)WAP 服务。移动图书馆 WAP 网站能基本实现图书馆移动门户的相关功能。统一检索平台能提供馆藏目录、电子期刊、学位论文、会议论文、电子书等资源的一站式检索,实现了文摘或全文的手机阅读。

(4)读者互动。读者通过移动图书馆平台阅读电子书、电子刊,可以写书评、做批注、记笔记、发微博,这些全新的读者互动体验,方便读者随时随地记录、表达、分享自己的阅读感受和学习心得。

3.移动图书馆阅读推广发展

(1)大数据环境下的定制服务。随着移动技术日新月异的发展,用户期望也会更加变化莫测,用户已经不再是信息的被动接收者,而是信息创造的参与者,在这样一个大数据的移动时代,未来绝大多数的信息将由用户创造,用户个性化定制服务悄然兴起,也必将是移动图书馆发展的方向之一。因此,移动图书馆阅读推广应该注重从大数据中挖掘可用信息以精准预测用户需求,创新服务模式及其功能来满足用户个性化需求。

(2)移动服务能力。目前,移动图书馆服务研究主要集中在服务模式的推介,有关移动服务能力及其评价的研究则非常稀缺,而服务能力往往决定着服务水平,因此移动图书馆服务能力研究亟待展开。移动图书馆要想推广阅读,就要注重提高移动服务能力,尤其是移动图书馆的服务效率提升、服务管理创新、服务品牌建立及服务绩效评价指标体系的构建等方面。

(3)移动图书馆联盟。移动图书馆的馆际合作,不仅有利于降低移动服务的开发和维护成本,而且有利于馆藏资源的跨区域分享,要努力推进移动图书馆合作模式和共享机制的研究发展。

(4)移动图书馆服务质量。提高用户满意度始终是图书馆服务的主要目标,而保证服务质量则是关键一环。传统图书馆服务质量的研究经历了引入期、成长期和发展期,相关研究已经比较成熟。相比传统图书馆,移动图书馆服务质量具有动态性特征,影响因素复杂多变、识别困难,所以要注意提高移动图书馆的服务质量,推动阅读推广的发展。

(二)电子阅读器与阅读推广

1.电子阅读器的概念

电子阅读器是专门用于显示书籍、杂志、报纸和其他印刷品来源的书面材料的数字版本设备,具有便携式、低能耗、高分辨率等特点。大多数情况下,拥有其他主要功能的设备,如上网本和手机,也被作为电子阅读器使用。某些电子阅读器也提供类似博客、网站、新闻推送等这些电子文档的访问。电子阅读器是专门为了显示文本而设计的设备,大多数电子阅读器采用被称为"电子墨水"的技术来提供黑白、可调整大小的文本显示方式,而不是液晶屏幕显示方式。电子阅读器允许用户在单个的设备上存储书库、做批注,在文本上划重点和设置书签。

电子阅读器引领了内容获取的新模式,成为传统文本购买和再用模式的补充。它打开了更灵活的内容聚合方式的大门,由此促进了信息的更新,对非传统发行渠道文章的涵盖，也为高度定制化课程资料提供了机会。

2.电子阅读器外借与阅读推广

（1）电子阅读器外借服务。进入信息时代，以海量资源和方便快捷为特点的电子阅读成为阅读时尚已经势不可当。电子阅读成为"新宠"与新媒体的普及密切相关，也与现代人的生活方式与工作条件密切相关。

数字化技术让多媒体信息交换成为可能，计算机网络让人们可以随时随地地发布或浏览信息，现代社会的快节奏生活让人们更愿意选择足不出户、方便快捷的数字阅读。上海图书馆推出的电子阅读器外借服务，正是适应了当下国民数字阅读的需求，所以产生了广受欢迎、供不应求的良好效果。

（2）电子阅读器外借服务的内容。

①拥有海量存储内容的电子阅读器。电子阅读器属于高端电子产品，价值不菲。上海图书馆拥有数百台汉王电子阅读器。因此，并不是所有图书馆都有能力开展电子阅读器外借业务。电子阅读器只是一个工具，让其由单纯的"器"演变为"书"，就必须存储海量电子图书。这些电子图书的来源有多种渠道，或者通过采购从数字图书供应商处购买，或者将本馆馆藏的纸质图书数字化，或者在线购买并下载整理一些公共资源。

②有一个接受电子阅读并愿意来借电子阅读器的读者群。相对传统的纸质阅读而言，电子阅读更加便捷。但是，并不是所有的读者都喜爱电子阅读。习惯纸质阅读者对电子屏阅读的不适应、电子阅读器的保管和使用必须遵守技术规范、书本阅读更容易感受文字的内涵等因素，让一些传统读者，尤其是中老年读者不太容易接受电子阅读。另外，电子阅读器的借阅手续比较复杂，因为价值不菲，大部分图书馆还有收取押金的制度。所以，一个图书馆要开展电子阅读器外借服务，要充分调查并论证这两个条件。

③完整规范的电子阅读器外借服务制度。这是保证电子阅读器外借业务正常顺利开展的需要，也是确保国有资产完整性和正常使用的需要。这包括对馆员和读者的培训制度、借还规则、违约处罚制度、丢失与损坏赔偿制度等。

（3）电子阅读器外借服务的步骤。

第一，购置电子阅读器并储存资源。根据图书馆经费能力及读者需求状况，购买适量的电子阅读器。购置得太少，享受资源的读者就太少，自然会引起读者抱怨、失去信任等负面影响；购置得太多，经济上既难以负担得起，也会造成资源浪费。数字图书资源的存储要紧密结合读者的阅读需求，既要考虑大众读者，也要关注专业读者。电子阅读器的存储空间都很大,完全有必要实现存储最大化。

第二,开展宣传与培训工作。对馆员和读者都要开展培训,培训馆员的服务技能,以便进行操作演示、常规问题解答及故障排除;培训读者,让读者能顺利高效地使用电子阅读器,也避免操作失误损坏电子阅读器。此外,还要进行借阅规则的教育和培训。

第三,开展借阅服务。要按照借阅规则,实行预约制和押金制借阅。

第四,通过反馈调节实现良性循环。要建立馆员与读者之间畅通的交流机制,采用电话咨询、网络在线咨询等方式,及时收集电子阅读器外借读者的意见和要求,解答疑难问题,及时调整不科学的借阅程序,及时帮助读者排除电子阅读器出现的故障,实现外借工作的良性发展。

(三)绘本阅读推广

1. 我国绘本阅读推广模式

随着图书馆界对绘本阅读推广的重视,各地出现了一系列优秀绘本阅读推广活动案例。目前,开展较为普遍的绘本阅读推广模式有以下几种:

(1)绘本书目推荐活动。绘本书目推荐活动是指在阅读推广活动中以制作绘本推荐书目、举办绘本主题展览、设置绘本图书专架等形式和途径向读者推荐绘本的导读活动,旨在向读者"传递信息、推荐经典、分享好书"。

(2)绘本故事会活动。绘本故事会活动是由图书馆面向阅读受众群体举办的以绘本为载体,融入故事、游戏、表演等内容的活动,旨在培养读者的阅读兴趣和引导阅读。

(3)绘本创意活动。绘本创意活动是指通过创新,丰富绘本阅读推广活动的形式和内容,从而玩转绘本、传递智慧、分享快乐,如引导读者手工制作趣味绘本等。

(4)大型综合性绘本阅读推广活动。这类型的活动主要是以"演"绘本剧和"讲"绘本故事为内容的竞赛型活动,旨在通过大范围的宣传推广引起广泛的社会关注。

2. 国外绘本阅读推广模式

绘本阅读推广在国外历来备受重视,并形成了成熟的推广模式。

(1)英国"阅读起跑线"。由图书馆、健康医疗机构和早教机构等单位的工作人员免费为4岁以下儿童发放与其年龄对应的阅读包,并开展各种亲子阅读活动,如儿歌时间、故事时间、蓝熊俱乐部和全国活动周等,帮助家长掌握培养孩子养成良好阅读习惯的方法和技巧,培养儿童的阅读兴趣。

(2)美国"出生即阅读"。基金会、图书馆和健康医疗照护机构携手合作,通过为婴幼儿提供"出生即阅读"大礼包（装有图书、婴幼儿早教信息、新生儿读者证、玩具、儿童用品等）和赠送纸板书以及培训婴幼儿家长等方式为读写能力弱、低收入父母及未成年的父母提供新生儿阅读资源及培训等多项服务，从而提升儿童读写能力。

以上举了两个国外的例子，从现在的阅读趋势来说，绘本不仅仅局限于儿童，不少优秀的绘本，虽然语言浅显但是值得品读。目前国内的绘本针对不同年龄段，还有更远的路要走。

3. 大数据环境下新的绘本阅读推广

大数据环境下移动阅读环境的发展，为绘本阅读推广带来了新的发展机遇。移动互联网络和智能终端的普及让更多人可以随时随地进行阅读，数字交互形式和新媒体的出现使阅读不再局限于静态的文本和图像，这些因素在不同程度上都有利于绘本阅读推广工作的进行。同时，移动阅读也为给绘本阅读推广带来了挑战。首先，移动阅读环境下，人们在随时随地进行阅读的同时，对知识的接收也呈不连续、碎片化的趋势，这已经引起了专家学者的关注。其次，移动阅读环境下，书籍资源的获取虽然变得更加容易，但书籍的质量可能参差不齐，需要更严谨的法律法规规范文化市场，需要社会各方共同创造更加良好的阅读环境。最后，成长于数字环境的"数字原住民"，很可能不习惯甚至抵触传统纸质阅读。这些都需要进一步的研究来推动绘本阅读的发展。

第三章 高校图书馆阅读推广与活动评价

随着新媒体技术的高速发展,阅读推广模式日益繁多,高校图书馆在追求阅读推广内容与主题深化的同时,也都开始注重阅读推广形式的优化与创新。面对新媒体视角下层出不穷的阅读推广模式,由于缺乏一套科学有效的评价体系,导致无法判断以用户需求为中心开展"精准化阅读"服务的预期效果。本章重点论述图书馆联合开展阅读推广活动的可行性、高校图书馆推广主客体的作用与基本保障、高校图书馆阅读推广活动策略、高校图书馆阅读推广活动的策划以及高校阅读推广活动评价。

第一节 开展阅读推广活动的可行性分析

一、高校图书馆与公共图书馆阅读推广发展的共同点

(一)活动系列化、品牌化

高校图书馆越来越重视通过举办"世界读书日"系列活动开展阅读推广服务,丰富校园书香文化。各高校的读书日活动通常围绕特定的主题开展,或为特色标语性主题,或以读书月、阅读周为主题,或直接使用"世界读书日"的主题。各馆围绕主题开展系列化的活动,并逐渐形成自己的品牌。例如,北京师范大学图书馆已连续开展了多次世界读书日活动,并创立了以"品味经典·沐浴书香"为主题的读书日活动品牌。

公共图书馆的阅读推广活动主题明确,很多活动都与社会实际联系密切,与人们的生活息息相关。如公共馆面向少年儿童开展阅读活动,面向普通读者开展讲座与新技术应用培训,面向弱势群体提供知识援助服务,等等。阅读推广活动是公共图书馆的常规服务,经过多年的实践发展,有些活动已经创出了品牌,如"国图文津图书奖"评选活动已成为读者广泛参与的公益性图书评奖活动,营造了读者读好书的良好社会氛围。"上图讲座"自开办以来,面向社会举办各类讲座已近千场,形成了极大的品牌效应。

（二）活动内容丰富、形式多样

高校图书馆阅读推广活动的主要形式有讲座、展览、评选、换赠书和漂流、竞赛、荐书、服务宣传及体验、座谈与沙龙等。各馆普遍开展综合上述各种类型的系列阅读活动，吸引师生参与，形成了许多非常具有创意的活动。如北京大学举办的"知书·知脸·也知心"阅读摄影展（简称"书脸"阅读摄影展），利用"图"的视觉冲击效果，通过人书嫁接的摄影方式，营造妙趣横生的视觉效果，向读者推荐精品好书。

公共图书馆的常规性阅读推广活动形式主要有主题活动、讲座、读者培训、展览、推广资源、视频展播、新增服务宣传、征文等；延伸服务类阅读推广活动的形式主要有为弱势群体服务、三大数字文化惠民工程、深层服务及流通站服务等。不少公共图书馆比较关注面向弱势群体的阅读推广服务。例如，2015年6月，长春市残联、长春市图书馆联合发起了以"培养读书习惯，收获幸福人生"为主题的"2015年长春市残疾人读书推广活动"，广泛地组织残疾人开展读书会、送书上门、读书征文、演讲比赛等健康向上、形式多样的阅读助残公益活动，倡导和吸引广大残疾人关注阅读、参与阅读、热爱阅读，在残疾人群体中营造浓厚的阅读氛围。

（三）活动宣传全媒体化

随着新媒体的广泛应用，各高校图书馆在近年的世界读书日活动的宣传中普遍采用了全媒体的手段，加大对活动的宣传力度。各馆除了利用传统纸质媒介进行宣传外，更根据青年学生的特点，广泛应用微博、微信、QQ群、校园BBS以及公共媒体等新媒体开展宣传。

公共图书馆在阅读推广活动宣传中，除与电视、报纸、刊物等媒体合作外，也利用微博、微信、短信等媒介向会员发布预告和宣传。全媒体宣传方式的应用，促进了图书馆与读者间的互动，增加了读者对阅读推广活动的关注度和支持度，提升了阅读活动的效果。

二、高校图书馆与公共图书馆阅读推广合作的前景

（一）组织机制保障方面

目前阅读推广工作已经成为公共图书馆的常规业务和主流服务，在公共图书馆内，阅读推广已经没有明显的部门界限，图书馆内从事阅读推广的部门大幅扩容，成为各个部门都要参加的业务工作。例如，借阅部门、展览部门、培训部门、宣传推广部门、参考咨询部门、少儿服务部门，甚至古籍部门都有阅读推广的职责和任务。

尽管各高校图书馆重视阅读推广工作，但明确将阅读推广作为常规读者工作的

一部分或设置专人专岗的高校图书馆却寥寥无几。大部分高校图书馆阅读推广活动的组织、策划与实施仍主要依托借阅部门,为辅助文献借阅而开展新书推荐、图书展览等阅读推广工作。阅读推广的单一部门职责,使得阅读推广的创新和深化受到影响。也有少数图书馆开始组织馆内临时跨部门的团队开展阅读推广活动,这种组织方式,在人力和精力投入上受到局限,也增加了工作协调成本,更影响阅读推广工作的可持续发展。因此,高校图书馆需要吸取公共图书馆的阅读推广机构设置经验,设置专业阅读推广服务部门或团队,或明确将阅读推广作为图书馆的主流服务,明确各部门阅读推广的职责和分工。

(二)统筹规划方面

大多数公共图书馆会制订阅读推广活动的全年计划,通过持续开展的阅读推广活动逐渐积淀和营造书香社会。

高校图书馆的阅读推广活动大多集中在"世界读书日"前后,或以"阅读节"形式持续一周、一个月或两个月,有的高校甚至几年开展一次,阅读推广工作缺乏连续性,这种阶段性的阅读推广工作会使阅读推广的效果大打折扣。尽管近年来不少高校图书馆应用新媒体微信平台持续开展"微书展"活动,但较少有高校图书馆对阅读推广活动进行年度计划和实施。这是高校图书馆未将阅读推广工作作为图书馆常规性工作的体现,高校图书馆应借鉴公共图书馆全年化的阅读推广统筹规划经验开展活动。

(三)内容与形式创新方面

高校图书馆与公共图书馆共同面临着阅读推广内容和形式难以创新的困境,尽管二者阅读推广工作的形式多样,但以讲座、展览、荐书、征文类活动居多,且活动主题雷同,公共图书馆和高校图书馆之间的阅读推广活动相似度很高,缺乏地方特色或学校特色。此外,阅读活动年年办,年年要创新,这是阅读推广馆员所面临的最大难题。

高校图书馆如能主动把阅读推广工作走出校园,或吸引社会公众走入高校图书馆,将有助于打破高校图书馆空间的局限,从而充分发挥高校图书馆的社会文化服务职能;同时,社会化的阅读指导活动将大大拓展高校图书馆创新服务的方式和流程。高校图书馆可以通过设立"开放日""毕业生服务"等活动,以高校图书馆为媒介和组织,邀请校内教育专家、专业馆员、优秀大学生走出校园,开展讲座及阅读辅导活动,与社会公众分享阅读经验。公共图书馆则可以借助高校的科技、文化、教育、资源、人才等优势资源,深化面向公众的阅读活动。例如,借助学校志愿者服务团队,为社区居民提供科普与科技信息、健康咨询等方面的指导服务等。

（四）专业人才培养方面

目前，无论是公共图书馆还是高校图书馆在阅读推广实践中普遍缺少专业人才，这在很大程度上影响了阅读推广工作的创新与推进。阅读推广工作需要具有较强综合能力的人才，这里将从事阅读推广工作的馆员称为"阅读馆员"。阅读馆员需要对本馆资源，特别是特色资源与学科资源非常熟悉，熟练应用相关技术，具备较高的专业素养；阅读馆员需要具备较强的活动策划、组织与实施能力；公共图书馆阅读馆员需要了解公众的心理、阅读与行为特点，高校图书馆阅读馆员需要关注学生的生活、学业、理想与追求；阅读馆员自身也要具备较高的阅读素养与文化素养。在阅读推广实践中，高校图书馆与公共图书馆通过交流、培训、合作共同培养阅读推广的"种子"，这无疑是当前最有效的阅读推广人才培养方式。

三、高校图书馆与公共图书馆阅读推广工作的合作方式

（一）重建理念和认识

高校图书馆与公共图书馆都肩负着阅读推广的使命，在阅读推广实践中各自积累了丰富的经验，同时也有着广泛的合作基础，但在实践层面的深入合作却并不多见，这主要是由于公共图书馆和高校图书馆因服务对象不同而没有合作需求的认识偏差造成的。

公共图书馆阅读推广的重点对象是少年儿童、成年人、老年人及其他社会弱势群体，高校图书馆旨在通过阅读推广活动引导青年学生建立阅读兴趣、养成阅读习惯、培养积极的世界观和人生观等，二者的服务对象、服务目标、服务方式均不同。事实上，高校图书馆的阅读推广对象与公共图书馆的阅读推广对象并非完全脱离，高校图书馆的阅读推广对象本就是来源于社会的读者，最终也将转化为社会读者。此外，阅读社会的形成是一个长期积淀的过程，并非高校图书馆或公共图书馆可以独立实现的。因此，高校图书馆与公共图书馆的阅读推广服务对象虽不同，却更应该在营造阅读社会的责任与使命方面开展广泛而深入的合作。

（二）在组织和机制方面提供保证

（1）基于区域图书馆联盟开展阅读推广合作。目前，图书馆联盟已被实践证明是促进图书馆之间合作、实现区域文献信息资源共享的最有活力、最具可行性的方式，业界更在积极探索区域图书馆联盟协同服务模式，这对促进区域图书馆联盟的可持续发展具有深远而现实的意义。此外，高校图书馆与公共图书馆的阅读推广服务，可以借助区域图书馆联盟完善的组织模式、成熟的管理模式、丰富的资源体系及灵活的

协作方式展开深入的合作。例如,高校图书馆可与所在区域联盟的省市图书馆、社区图书馆、儿童图书馆等建立阅读推广专项服务合作。

(2)高校图书馆设立阅读推广常设部门。为保证阅读推广工作的规范化、科学化和可持续发展,高校图书馆有必要设置专门的阅读推广部门、设置专人专岗并持续提供活动经费支持,统筹规划本馆的阅读推广工作。同时,为保证合作阅读推广活动有效,可与公共图书馆组建阅读推广工作组,合作策划、组织、宣传内容和形式更为丰富的阅读推广活动。

(三)积极运用新技术平台与手段

应用新信息技术开展阅读推广服务,创新服务手段、提升服务能力、增强推广效果。

(1)联合建立与读者互动的阅读推广平台。通过平台,整合和挖掘高校图书馆与公共图书馆的海量纸质和数字阅读资源;通过平台,扩大高校图书馆与公共图书馆的阅读推广服务对象,在平台上公布各种专家讲坛、社会展览、阅读活动等信息;通过平台,开展信息技术应用及信息素养远程培训服务;通过平台,开展移动阅读推广新服务,让阅读更加便捷。

(2)联合开展新媒体宣传。新媒体时代背景下,微信、微博、微阅读、微书评等微媒介新范式理念和信息交流方式越来越受读者的关注和使用,图书馆也在越来越多地通过微媒体提供人性化、个性化的数字阅读推广服务,使数字阅读体验更贴近读者需求。高校图书馆与公共图书馆可以联合建立各类主题的阅读微信圈、微博群、QQ群、阅读论坛等,发布和宣传阅读活动,交流和讨论阅读心得。

(3)建立阅读馆员交流平台。高校图书馆和公共图书馆可以通过平台联合开展阅读推广创意设计、工作经验交流、在线书评与沙龙等交流,为阅读馆员提供成长和提升的沃土。

(四)合作研究阅读推广可持续发展理论

当前,中国阅读推广研究与阅读推广实践较为薄弱,高校图书馆与公共图书馆在阅读推广的形式和内容上难以突破的原因主要有以下几种:对各类读者,特别是特殊群体读者的阅读现状和需求未能准确了解和把握;对阅读推广工作缺乏科学规划和规范实施的依据;对阅读推广的效果缺乏科学和有效的评估;缺少阅读推广专业理论研究和实践人才。高校图书馆与公共图书馆联合开展阅读推广发展研究,一方面会推动阅读推广工作向更加科学和规范的方向发展;另一方面对高校图书馆与公共图书馆的合作协调机制进行研究,也会推动阅读推广的可持续发展,进而推动阅读社会的建立。

第二节　推广主客体的作用与基本保障

阅读推广的基本准备,需要从阅读推广的主体、客体、对象三个方面及其关系上进行剖析设计。高校开展阅读推广的主要主体是高校图书馆,学校其他能参加开展阅读推广的相关部门都可以成为辅助主体;客体是以图书为中心,不限载体的全部阅读资源;主要对象为本校读者。阅读推广工作中三者的关系可简单表述为主体促进客体和对象发生联系。所以,图书馆需要根据自身的能力和优势,通过从阅读资源和高校读者角度的深入分析来设计阅读推广途径,这是理清阅读推广思路的必然选择。

一、阅读推广主体的作用

阅读推广活动需要一个强有力的推广组织机构来策划和组织各项活动。学校相关部门是高校阅读推广活动的领导机构,图书馆是当仁不让的阅读推广活动的直接组织者和实施者,学校社团和志愿者组织是重要的参与者。三者合作开展阅读推广工作,既能把握工作的主动性,又能节省图书馆的人力资源,充分调动读者参与的积极性,保证高校图书馆开展的阅读推广工作具有一定的有效性和持续性。其中,高校图书馆作为阅读推广的主体,是整个学校阅读推广工作的关键。下面从几个方面论述图书馆应当如何在阅读推广工作中起到应有的作用。

(一)建设良好的馆舍环境和阅读环境

阅读环境对读者的阅读能产生极大的影响。良好的阅读环境,可以让读者有家的感觉,使读者对阅读产生浓厚的兴趣,由心而发地想要在图书馆这个舒适、惬意的环境里阅读。而图书馆里浓厚、愉悦的阅读氛围,会让更多的人对阅读产生兴趣,这也是图书馆所要营造的环境目标。图书馆良好的设计和布置会使读者生出遨游书海的欲望,使图书馆成为人人向往的美好天地。

经典阅读需要人沉下心来,细细品味,反复揣摩,感受经典魅力。因此,高校图书馆应该注重图书馆环境和文化的建设,通过阅读共享空间、经典阅读室等的设立,聚集图书馆馆藏经典著作,激发读者阅读经典的兴趣。同时,图书馆应建立阅读交流栏,以便读书交流读书体会,营造浓厚的读书氛围,使读者在优雅舒适的环境中休闲和自由地交流,从而获得传统阅读的快乐。

馆舍环境一定要宽敞、明净,馆内陈设可以摆放古色古香的书桌椅,宽大的书桌上放一盏古典台灯,馆内适当地点缀一些人文景观,悬挂名家字画;图书馆的一隅可添置小桥流水盆景,整个图书馆内适当地栽种藤蔓植物、鲜花美化环境,将精心挑选的经典书籍随意地摆放在人们触手可及的地方。在这样一个弥漫着浓浓书香的环境里,大学生耳濡目染,浓厚的阅读意识被激发,愿意徜徉其中,静坐下来,阅读经典,体悟跨越时空的心灵交融。

中国及国际上的类似实践包括:深圳图书馆创设了"南书房"服务区,倡导经典阅读;深圳市南山区建有经典阅读室;郑州大学图书馆建设了"经典阅读素质教育"阅览室;英国牛津大学图书馆、美国芝加哥大学图书馆都设有专门的经典文献阅览室,并有固定的开放时间。

(二)制定馆藏发展的相关政策

馆藏资源是图书馆的立馆之本,也是开展阅读推广活动的基本条件,没有资源,阅读推广就成了无源之水、无本之木。图书馆要结合自身的特点及其所面对的读者的阅读倾向,建立合理的文献资源配置体系,保证其藏书能够充分地满足读者的阅读需求。因此,图书馆不仅要拥有资源,还要拥有优质的资源。制定完善的馆藏发展政策,是图书馆资源建设的重要一环,也是图书馆阅读推广工作的基础。

馆藏发展政策是图书馆发展的一种规划性文件,目的是为图书馆馆藏的维护和发展提供政策框架。同时馆藏发展政策还保证了馆藏发展的连续性和一致性,最终使馆藏发展为学校发展的整体目标服务。按照学校发展实际和发展目标,在保障重点学科文献资源建设的同时,应当更加全面地收藏所有学科的文献资源,确保文献资源与学校学科建设同步甚至超前发展,将图书馆建设成能满足教学需要的本科生图书馆和能满足科研需要的研究型图书馆。

关于馆藏发展政策,中国目前还没有在国家层面制定的相关规范,可供参考的仅有2007年由教育部高等学校图书情报工作指导委员会制定的《普通高等学校图书馆文献资源发展政策编制指南》和《普通高等学校图书馆电子文献发展政策编制指南》等,且并未得到图书馆界的普遍重视。而在许多发达国家,制定馆藏发展政策已是各类型图书馆的一项常规工作,如美国早在1993年就已经有高达72%的高校图书馆制定了本馆的馆藏发展政策。

近些年来,中国在馆藏发展政策的理论研究上取得了一些进展,但在实践领域并未得到图书馆界应有的重视。除武汉大学、厦门大学等少数几个高校图书馆制定了本馆的馆藏发展政策外，很多高校图书馆制度中根本没有此项内容，导致采购工作缺乏规范和指导。因此，各高校图书馆应尽快建立起详细、主题鲜明的馆藏发展政策，为推动阅读制订良性发展计划，给予读者阅读以坚定、持续的支持和引导。无论是为满足教学和科研需要，还是为促进阅读，高校图书馆都应该实行按需采购的制度，将书商的新书目录、学科馆员的反馈、读者荐购书目和书评等作为重要的选书依据。在经费充足的前提下，明确采购要着重关注图书的质量，购买系统的、有价值的书籍，满足读者的阅读需要。

此外，由于各个图书馆自身所处位置不同，其办馆条件也不相同，其购书经费也多寡不均，但无论多寡，图书馆都要有效地利用购书经费，购置可以充分满足读者需求的书刊，使书尽其用，充分发挥每本书刊的价值。同时，图书馆还应将数字资源建设放在图书馆发展的突出位置，重点对待。网络数字阅读所带来的丰富的阅读内容、便捷的获取方式、开放的阅读环境、互动的阅读过程及直接感官冲击的阅读效果是传统的纸质阅读无法比拟的，因此深受广大读者的青睐，成为当代大学生的一种主流阅读方式，也是一种获取知识的新途径。因此，高校图书馆必须加强数字化资源建设，顺应读者的数字化阅读需求，加大对电子阅览室、多媒体室等处网络设施的投入，购买电子资源、各类数据库、电子书刊等，加强对各种资源的整合、采集、整理，将相关资源馆藏化、数字化，建立自己的特色资源数据库。加大对数字资源的建设与开发的投入，从而更好地为读者提供更广泛、更快捷的文献资源。同时，图书馆还要通过网络平台，实现对网络信息资源的整合、开发及共建共享，为读者提供更加全面综合、更加容易利用的文献资源。

总之，高校图书馆要加强资源建设整合，构筑多元化阅读平台，使各种文献形式和载体资源协同发展，建设结构合理、重点突出、特色明显的优质文献资源体系。这是对高校图书馆开展阅读推广活动最有力的支持。

（三）规范图书借阅制度

俗话说："没有规矩，不成方圆。"图书馆的规章制度是图书馆实践的总结与概括，反映图书馆发展的客观规律，是图书馆馆员及读者的行动准则。它是合理组织图书馆工作，充分发挥图书馆职能的保证，也是图书馆实现科学管理的依据与准绳，是正确处理图书馆内部各种关系、发挥图书馆全体人员的积极性与创造性、提高服务质量和保证图书馆正常运行的手段。

图书馆针对读者服务一般都会有相应的制度。借阅制度、续借制度、预约制度、召回制度、馆际互借制度、超期惩罚制度以及豁免制度等可构成一个完整的借阅体系，它的合理、有序、健康运转，能够保障读者阅读需求顺利实现和阅读行为顺利完成。

目前，中国高校主要的规章制度都有其共通之处，因此，图书馆有必要建立体例一致、形式规范、内容健全、语言标准的制度体系，各高校图书馆再根据各自的特点加以完善。特别需要指出的是，目前图书馆针对读者的有关借阅制度普遍存在的问题就是语言过分强势、生硬，这样多多少少会伤害读者的阅读热情。读者到图书馆本身就是一种值得尊重和鼓励的行为，对于可能出现的不规范行为，也应该注意措辞和语气。因此，图书馆的借阅制度必须与时俱进，跟上时代发展的步伐，充分利用自身优势，考虑读者借阅的便利性，制定更加人性化的借阅制度，提高服务质量，发挥图书馆服务读者，服务教学、科研的作用，真正使图书馆的教育、信息服务和学术研究职能得到充分发挥。

（四）加强阅读推广的宣传

宣传工作是高校图书馆的一扇窗口，是阅读推广过程中的必然手段。宣传工作是指对高校图书馆及其提供的产品及服务的介绍，是现代高校图书馆工作的重要组成部分。高校图书馆开展宣传工作，一是可提高文献资源的利用率。宣传作为一种传递信息资源的方法和手段，可揭示图书馆的馆藏资源和网络资源，加深读者对信息资源的认识，使读者进一步了解图书馆的职能、作用、服务项目、规章制度等，进而激发其利用图书馆的热情。二是可促进图书馆的发展。通过宣传图书馆，展示图书馆人默默无闻、无私奉献的崇高职业形象，唤起社会对图书馆重要性的认识，赢得公众对图书馆人的尊重，增强图书馆人的自豪感和工作热情，使图书馆的发展获得强大的内在动力。

目前，高校图书馆通常使用的媒介可分为传统媒介、多媒体和社交媒介。传统媒介包括悬挂横幅标语、张贴海报、布展等；多媒体有电子显示屏、报纸、电视、通识平台、网站等；社交媒介有社交网站、QQ群、微博、微信等。无论是传统媒介还是社会化媒体，高校图书馆都应根据自身需求结合自身的技术和管理水平选择几种或多种推广手段，将推广范围最大化。宣传要注意传递信息的新颖性、准确性和易用性。宣传还要有一定的计划性，在不同的时期，确定相应的主题，围绕主题开展各种宣传工作，用心营造友好氛围和创新服务，从而受信于读者，形成良性循环。

图书馆还可以吸收大学生参与图书馆宣传工作。在校大学生是高校图书馆的主要读者群体，可以起到很好的宣传效果。大学生之间彼此了解，易于相互沟通，学校有什么新闻，大学生都会互相转告。高校图书馆吸收在校大学生参与图书馆宣传工作，可以吸收社团成员参与为主，如读书协会社团、校学生会等。图书馆宣传工作者首先从社团、学生代表那里获取读者所需信息，同时有针对性地宣传图书馆信息，其次利用学生间的"口碑"进行宣传。这样往往能达到较好的宣传效果。

高校图书馆可以充分利用图书馆的宣传周、全校读书月等大型活动，利用校园网站、广播、墙报、简报、横幅实时宣传报道，编印下发各类资料汇编，采用多样的形式大力宣传阅读的价值，让大学生真正了解阅读的意义、阅读的方法以及读什么、怎样读；披露中国与国际上的阅读动态、发展趋势；介绍阅读指导和阅读研究性著作；通报中外最新的学术性和大众性出版物；介绍或剖析中外经典著作等。在读书活动期间，采用不同的有特色的主题密集宣传，平时有计划地定期宣传，采用多种形式，给学生留下深刻印象，使阅读深入人心，使建设书香校园的思想无处不在、无人不知。

在这不断变化的形势和社会环境下，图书馆宣传工作应以提高服务水平和创新服务项目及方式为目标，应以向读者推广图书馆服务、满足读者需求为任务。宣传工作是图书馆长远发展中不可或缺的一项工作，尽管一部分高校图书馆受到经济、人力等方面因素的影响，宣传工作不尽如人意，但仍应克服困难，根据自身情况，尽可能地做好宣传工作，更好地为读者服务，努力提高图书馆在读者心中的地位。

（五）建立一支稳定的阅读服务团队

建立专门的阅读推广机构并组建稳定的服务队伍是实施阅读推广的保证。阅读推广队伍的不稳定会影响阅读推广项目的质量和连续性。如今，阅读推广工作已成为图书馆的一项重要工作，大多数高校图书馆都有专门的阅读推广人员，有些图书馆还成立了专门的宣传推广部门。阅读推广人员应该具备以下几种基本素质：

（1）具有良好的职业品质。职业品质是从业者对自己所从事职业的内涵和价值的判断与认可程度，以及在这种价值判断指引下所采取的职业态度。良好的职业品质既源于自身良好的社会公德修养，即为社会奉献的精神和对待他人的良善品格，也源于扎实的职业训练和深厚的个人职业意识和职业修养。良好的职业品质是图书馆阅读推广人开展好业务工作的基础。

（2）一切为读者服务的宗旨。为读者服务是高校图书馆的宗旨，"一切为读者，为一切读者，为读者一切"是服务宗旨的理想细化。服务宗旨落实到实际行动中最好能够做到：资料随手可得，信息共享空间，咨询无处不在，馆员走进学科，技术支撑服务，科研推进发展。只有这样，才能使读者不受时空限制、无障碍地利用图书馆。

（3）熟知图书馆资源及新技术。图书馆馆员、高校图书馆阅读推广人应熟知图馆馆藏文献资源类型、内容及馆藏位置,方便随时引导读者获取文献资源;熟知数字资源、虚拟资源及利用方法,随时指导读者检索和利用数字资源;熟悉计算机技术及多媒体技术,及时通过新技术向读者推送服务。

(4)具备图书馆学基础知识和管理学知识。阅读推广人应掌握图书馆学基本知识,包括图书馆的要素,图书馆的组织、工作内容和工作方法,图书分类体系,尤其熟知中国图书分类。掌握管理学知识是指了解管理学中基本理论的主要内容,能灵活运用所掌握的管理学中的基本理论和原则,分析、解决管理实际问题,做到管理好读者、管理好资源、管理好服务团队。

此外,阅读推广人员还应具备以下能力:

(1)策划、组织及评估能力。高校图书馆阅读推广人必须具有较好的活动策划、组织及评估能力。策划能力应包括:阅读推广主题的拟定、阅读推广项目的设计、工作任务的分配、阅读推广进度计划的制订以及阅读推广方案的撰写、阅读推广经费预算的制定、阅读推广活动的选址和活动的布置。组织能力表现为:顺利完成接待任务、后勤保障任务、联谊任务,做好阅读推广现场服务与管理。评估能力体现为:阅读推广活动结束后能及时对活动效果进行评估。从读者满意度和阅读效果出发,对评价低的策划活动及时进行调整,让评价高的策划活动持续开展下去。

(2)较强的公关能力。公关能力是指有目的、有计划地为改善或维持某种公共关系状态而进行实践活动的能力。高校图书馆阅读推广人的公关能力表现在建设书香校园活动中的介入能力、适应能力、控制能力及协调能力等。高校图书馆阅读推广人跟读者、各部门打交道,要把握交往的技巧、艺术、原则,了解读者的行为特点,要与各种类型和特点的读者友好交往。

(3)撰写书评和推荐书目的能力。高校图书馆阅读推广人需具备撰写书评的能力。撰写书评是高校图书馆阅读推广人应尽的职责,是深化读者服务的需要,是爱岗敬业的表现。书评要尽力做到从思想内容、科学水平、审美价值及理论和实践意义等各方面对图书进行分析、评论和介绍,使读者通过阅读书评就能够快速知晓图书的主题。

另外,高校图书馆阅读推广人应为读者推荐好书,推荐书目不能简单照搬出版机构的畅销书目、其他单位或者高校的推荐书目。推荐书目必须符合自身院校特点,从本校学生实际情况出发。推荐书目必须遵循一定的标准,应具有正能量,如合理推荐经典文学、优秀人物传记等。

因此,一个理想的图书馆,不仅仅是一个资源存储机构,它还应指导读者读什么及怎么读。高校图书馆应该设立专门的阅读推广岗位,有条件的图书馆可以建立阅读推广工作部门，负责开展高校图书馆推广的各项工作，包括读者需求调查、本馆现状分析及需要解决的问题等，提出开展阅读推广活动的措施建议。阅读推广部门的建立是高校图书馆阅读推广的组织保障，有利于图书馆活动的策划、实施，使高校图书馆阅读推广活动内容更加专业、步骤更加精细、管理人员主人翁意识更强。

二、阅读推广客体的作用

高校图书馆阅读推广的主要对象是师生读者。高校图书馆需要对不同目标对象的阅读推广行为进行研究，针对不同的读者制定和设计不同的阅读推广项目。新生对图书馆不了解，阅读目的不明确，喜欢通过新书推荐来找寻喜爱的图书；高年级学生具有一定的阅读能力和意愿，阅读能力强，通过信息检索课程的学习，信息检索能力有所提高，图书馆与学生社团共同举办的名师讲座、主题活动等对他们的吸引力比较强，他们参与的积极性比较高；教师文化层次比较高，到图书馆主要是为了获取专业的文献和服务，通常不会主动参与主题类的阅读推广活动，但对深层次的课题服务、学科服务比较感兴趣。因此，以大学生为主体的读者是阅读推广的客体，识别大学生读者的潜在阅读需求和阅读特点，积极与大学生社团合作进行阅读推广，是做好高校图书馆阅读推广工作的必要前提。

（一）寻找大学生读者的潜在阅读需求

提高读者满意度，实现高校图书馆发展的可持续性，可从识别读者的潜在阅读需求开始。读者的潜在阅读需求可以通过信息收集并进行调研分析，细化读者群体来识别。根据读者本身的属性，细化读者群体，分层管理。

大学生具有青年读者和学生读者的双重特征。作为年轻人，他们处在生理、心理、智力发展和世界观的形成期。他们的生活独立性逐渐增强，思想较为活跃，思维、观察能力有所提高，自我意识较强。作为学生读者，他们接触的知识领域更加宽广而深入，其阅读兴趣、阅读目的受毕业后继续求学或就业需求的影响。为了成为合格的专门人才，成为德、智、体全面发展的大学毕业生，他们在大学生活阶段，系统学习政治理论、专业理论，以及综合性的科学文化知识，使自己具有较高的文化素质、合理的知识结构，由知识型人才向智能型、创造型、通用型人才发展。

大学生的阅读倾向和规律因为其知识的累积程度和年级阶段的不同有着明显的差异，高校图书馆应针对大学生读者的这一阅读特点，开展有针对性的阅读咨询、指导。例如，多数大一新生，刚刚从应试的阅读模式中解脱出来，摆脱了高考的压力，突然的放松使他们无所适从，而他们对在大学应该如何阅读学习还处于懵懂无知的状态,同时对图书馆的知识也极度缺乏,这使他们的阅读带有较大的随意性和不确定性,主要是进行消遣性的、无目的的阅读。此时图书馆需要对其阅读进行有效引导,通过新生入馆教育等方式,帮助他们学会利用图书馆,并树立正确的阅读动机,以免其走入阅读的误区。河南理工大学图书馆在每届新生入学时,都要由专人对他们进行入馆教育,指导新生如何利用图书馆,以及在图书馆应进行何种阅读活动。

大二、大三的学生经过大一的学习生活,已经逐步适应了大学的阅读学习方式。由于他们已经开始了专业课的学习,面临更多的专业知识要去学习,因此需要借阅大量的专业类图书,以解决在学习过程中出现的困难。在阅读的同时,拓展知识面,为将来就业打下基础。但是随着高等教育的普及、就业压力的增大,有相当一部分学生为了提高自己的就业成功率,通过考取各种资格证书来获得更好的就业机会,而这也往往会导致他们在专业知识的学习上存在缺陷,不能达到用人单位对专业人才的要求,从而失去就业的机会。因此,高校图书馆应与学校其他相关单位配合,采取有效措施,指导他们加强对专业知识的学习,打下坚实的专业知识基础。

大四毕业班的大学生的阅读目的比较明确,带有明显的实用性和功利性。他们阅读的主要目的集中在撰写毕业论文上,需要大量并且多元化的专业书刊,大部分时间都消耗在查找与毕业论文相关的专业文献资料上。还有相当一部分大学生要考公务员、考研等,需要阅读相关的考试参考类图书资料。因此,图书馆应为其有针对性地开展文献信息检索、咨询服务。另外,毕业班的大学生还要面对择业的问题,图书馆可以聘请相关方面的专家开设职业规划讲座,根据所处年级、学科专业领域、个人发展状态等情况为其答疑解惑。图书馆可通过跟踪关注读者的历史借阅信息、检索记录、浏览记录,对读者进行问卷调查,也可以通过提取图书馆论坛中的读者提问发言等方式,以数据挖掘为手段全面了解读者的个人兴趣爱好、心理发展状态,确定读者的阅读倾向,为读者建立阅读档案,提供有针对性的个性化阅读服务。

(二)根据大学生读者的阅读特点提供相应的阅读推广服务

根据哈佛大学教育学家珍妮·查尔提出的阅读素养形成的"五阶段模型",大学生应进入"构建与批判"的阅读阶段,"构建"即通过对书本知识的融会贯通形成并完善自身知识体系;"批判"即通过对自身知识体系、思维脉络反复推敲,审视书本中的逻辑、思维脉络,在批判继承过程中达到自身修养、素质的升华。

由于大学生群体心理存在跳跃性、求知性、交替性、猎奇性等特征,容易在选择时出现困惑和迷茫。长期以来,过于追求实用的阅读模式限制了大学生眼界、视野、思维境界的发展,给阅读选择造成了相当多的障碍。同时,由于自身专业领域、知识深度及层次的不同,大学生会因阅读能力、理解能力、思考能力未达到相应标准而无法开展深度阅读。碎片式的网络阅读占据了大学生越来越多的时间,大多数学生拥有积极向上的阅读态度,对阅读的重要性给予充分肯定,但由于缺乏阅读的动力,导致阅读行为较为滞后。

一般而言,大部分高校学生的阅读面都比较窄,还有一部分学生只阅读自己感兴趣的杂文,而对文学名著或者专业书籍持保留态度。学生的阅读还具有盲目性和随机性,没有一定的阅读方向,也没有形成固定的阅读方式和阅读习惯,随着网络的影响,更多的学生现在喜欢阅读的是短小轻松、易于理解的"网文",即"轻阅读",阅读的质量跟不上,对内容的独立思考能力和深度阅读能力就会有所欠缺。可见,当前大学生的阅读状况不容乐观,主要表现为:阅读量小,阅读功利性强,重网络阅读、轻纸本阅读,阅读通俗化、快餐化等。这些缺陷严重影响了大学生的阅读兴趣和深度,他们多为被动阅读,无法感受到读书的乐趣。但让人欣慰的是,现在大多数学生在阅读能力方面的自我期望较高,且能够认识到自身阅读能力的缺陷,希望通过专家指导或其他方式提升自身的阅读素养。因此,图书馆在阅读推广活动中要多动脑筋,面向不同阶段的大学生读者,开展有针对性的阅读咨询和指导服务,组织一些大学生感兴趣的活动来吸引大学生,从而提高大学生的阅读兴趣。同时,图书馆也可以招收一些喜欢阅读的大学生参与阅读推广活动,让他们担任义务阅读推广者。首先,这些大学生推广者是学生身份,与其他大学生读者在沟通上有共同语言,更能了解大学生读者的需求;其次,通过大学生推广者的宣传,能够让更多的大学生了解图书馆,了解图书馆的信息资源,由此来培养大学生的阅读兴趣;最后,大学生推广者本身就喜欢阅读,能带动更多的大学生积极地参与阅读。

(三)图书馆与大学生社团的合作

阅读推广是高校图书馆以活动的形式积极开展的,通过影响读者的阅读选择从而不断引导读者阅读的一个过程。图书馆作为学校的一个部门,无论人员还是精力都是有限的,需要借助外部的力量才能更好地开展工作。对高校来说,最好的合作伙伴就是学生社团。

学生社团是由来自不同院系、不同班级的学生自发组织起来,按照学校相关章程和规定自主组织并开展活动的群体。学生社团通常有形成自发性、内容多样性和活动特色化等特点。大学生社团可以通过加强与图书馆的沟通,积极向图书馆反馈当前学生读者的阅读需求。大学生在参与阅读推广活动时能及时通过社团组织把自己在活动中的感受、感想反馈给活动组织者。学生对阅读活动的反馈,有利于活动组织者广泛积累活动经验,进一步完善活动机制,为下一次开展高质高效的阅读推广活动打下坚实基础。大学生社团发挥中坚作用,高校图书馆通过他们能深入了解读者的阅读喜好或阅读兴趣。同时,大学生社团中就有学生读者,学生最了解学生,学生读者能把自己最真实的阅读情况及时地反映给图书馆,有利于图书馆下一次阅读推广活动的开展。学生社团根据读者的阅读需求和变化积极进行创意和设想,能进一步丰富阅读推广活动的内容,让活动形式多样化,同时不断激发读者的阅读兴趣,帮助阅读推广活动广泛开展。因此,通过与大学生社团的合作,高校图书馆能更好地与读者进行联系和沟通,进一步拉近读者与图书馆的距离。大学生社团参与图书馆的阅读推广活动,通过阅读交流以书会友,既能激发大学生自身的阅读兴趣,又能不断提高自己的阅读水平,不断发动更多的群体参与阅读活动,形成人人"爱读书、读好书、好读书"的阅读氛围,从而改变大学生的阅读现状。大学生社团还能积极联合校内其他社团或校外其他机构,积极参与阅读推广活动,形成良好的阅读氛围。

大学生社团还能积极发动身边的人参与阅读推广活动,通过发挥桥梁纽带作用,积极促进阅读推广活动进一步开展。高校图书馆也应积极支持大学生社团参与阅读推广活动,充分发挥其桥梁纽带作用,不断做好阅读推广的各项工作,实现"双赢",共同发展。

大学生社团在高校图书馆开展阅读推广工作中扮演着重要的角色,发挥着不可替代的作用。对图书馆而言,每一位读者都是一本"真人图书",每一个社团都代表着一种"独特的校园文化",都值得图书馆去珍藏。高校图书馆要积极重视大学生社团,通过大学生社团自管理、自推广的形式开展丰富多彩的阅读推广活动,进而影响读者的阅读行为。

(四)构建大学生读者阅读激励机制

如今,上网已成为大多数学生课余生活的主要内容,这使得他们在有限的课余时间里阅读纸媒的时间减少,浅阅读、快餐式阅读、功利性阅读充斥着大学生的阅读生活,高校大学生普遍缺乏利用图书馆的热情和动力。"90后"与"00后"是现在大学生的主体,他们的权利感和个人意识更强,信息获取渠道更多元,强制性的形式化的管理必然会遭到形式主义的反馈,甚至激化师生矛盾。实践证明,采用激励机制是推动当代大学生阅读的有效方法之一,通过一定的激励手段可以激发大学生的阅读兴趣,调动其积极性和创造性,使大学生树立以"多读书、读好书"为荣的价值观。阅读激励机制可以尝试从以下几方面来建立:

（1）设立阅读学分制。阅读学分制度，是图书馆按照一定的标准，将读者在一定时期内的阅读情况转化为相应数量的学分，读者按照学分的多少获得一定的奖励和享受一定的服务的图书审阅读管理制度。读者获得的阅读学分由图书馆专门人员进行登记汇总，在每学期末学校评比奖学金时计入总分，成为评比的一部分。当读者的阅读学分积累到一定数量后，可参加图书馆优秀读者及其他奖项的评比。"阅读学分制"有很强的趣味性和竞争性，能够激发读者的阅读兴趣，使其体验到获取知识的快乐，同时也可大大提高图书馆文献资源的利用率。当然，阅读学分制的设置比较复杂，需要科学合理设置。

（2）"阅读之星"评选活动。"阅读之星"评选活动是通过图书馆借阅管理系统对读者借阅图书量进行统计，对于年底借阅排行榜前十名的读者，在征得本人同意后，图书馆将其个人借阅信息及读书感悟等汇总后在馆内宣传板上展示。图书馆为获得"阅读之星"的读者颁发荣誉证书，并提供一些其他的物质奖励。例如，获得印有图书馆Logo的精美纪念品，可以获得图书馆当年考研专用研习室的优先预约权，提供一年的免费文献传递服务，奖励图书馆电子阅览上网机时，可以跟随图书采购人员到书店里挑选图书等。榜样的力量是无穷的，图书馆利用榜样的激励作用，可以激发其他读者的阅读热情，有利于营造多读书、读好书的良好风气。

（3）搜书技能大比拼。高校图书馆开设文献检索课或开展新生入馆教育，帮助学生更好地利用图书馆，提高学生获取文献信息的技能，但是在实际工作中发现，很多读者虽然接受了培训，但真正利用图书馆时依然感觉茫然，面对资源丰富的图书馆感觉无从下手，也有的学生不愿意认真查找资料，也不愿过于烦琐地利用图书馆。为唤醒学生的潜在能量，培养他们自我学习的积极性、主动性，图书馆每年举办"搜书技能大比拼"活动，比赛要求读者在规定时间内从书库中正确找到相应数量的图书，最终评选出获胜者，并给予相应的奖励。生动活泼的竞赛形式比传统的入馆教育、文献检索培训更有吸引力，更容易调动大学生利用图书馆的热情，但该类比赛参与人数毕竟有限，受益的读者也只是少数。

（4）爱心图书漂流活动。图书漂流是国际上的一种普遍阅读方式，这种崭新的阅读方式在中国日渐受到推崇，越来越多的人参与其中。图书漂流是指书友们将自己拥有却不再阅读的书籍贴上特定的标签后，投放到公共场所，无偿地提供给拾取的人阅读。图书馆可利用与书商的业务关系，筹集用于漂流的优秀图书，同时向全校师生特别是毕业班的学生发出捐书倡议。为了鼓励学生踊跃捐赠，图书馆出台相应的规定，读者一次性捐赠多少本以上且符合馆藏标准的图书，将获得图书馆颁发的捐书荣誉证书。图书馆对读者捐赠的回馈表达了图书馆对其无私付出和爱心传递的肯定，会促进更大范围的知识共享和爱心传递。

以上激励机制是为了服务大学生而存在的。在激励机制建设过程中，图书馆可以鼓励和吸纳学生参与激励机制的建设。图书馆可以通过学生社团组织、教育教学平台、校园网络等渠道将激励机制发布，使学生更清楚地了解学校的激励机制，广泛吸纳学生的意见和建议，不断制定符合学生需求的激励制度，有效调动学生的积极性和主动性，让学生成为阅读推广活动的主人。

三、阅读推广的基本保障

阅读推广工作已经成为图书馆的常规性工作。但是，如何做好阅读推广工作，仍然是摆在图书馆人面前的一道不小的难题。为了做好阅读推广工作，除了作为阅读推广主体的图书馆和客体的大学生读者外，还要有以下基本保障：

（一）人力保障

图书馆阅读推广的资源管理问题，涉及场地、设施、资金与文献等资源，但最大的问题还是人力资源管理。阅读推广主要依靠图书馆馆员的主动性和创造性来推动服务的开展。阅读推广作为现代图书馆的服务内容，具有综合性、复杂性的特点，对图书馆馆员的要求要远高于外借阅览等传统图书馆服务，需要馆员不断学习、研究与思考。特别是从事阅读推广活动的馆员，需要对各个要素及其相互关系有足够的认知，才有可能设计出有效的阅读推广活动。图书馆应立足长远，采取更多长效的机制促进阅读推广人力资源的发展。除了设立阅读推广专门岗位，还可以设立阅读推广部门，配备合适的推广馆员，充分发挥学科馆员的阅读推广优势。学科馆员制度已经成为许多高校图书馆的基本制度，是图书馆与校院系沟通的有效机制。从操作层面上来说，学科馆员是图书馆开展阅读推广活动的天然桥梁，如学科博客的建立和维护。在高校图书馆的专业资源的阅读推广工作中，没有人比学科馆员更了解或善于沟通专业或学科方面的情况，这也是高校图书馆有别于公共图书馆的显著特征之一。同时，还应该谋划阅读推广人才的培训机制。澳大利亚新南威尔士州为了提升图书馆馆员的阅读指导能力专门开展了一项培训员集中受训项目，受训者再回到原单位指导其他同事。培训活动对图书馆流通量、资源阅读、馆藏发展的促进作用显著。有了这样的人力保障，阅读推广工作的目标性和长效性才能更好地实现。

（二）管理保障

阅读推广是图书馆的一项新型服务。同所有新型服务一样，当其处于萌芽状态，或处于其他主流服务的从属地位时,管理者的管理一般是放任的自发管理。在全民阅读的大环境下,阅读推广服务已然成为一种主流服务,需要管理者进行管理变革,从自发管理转向自觉管理。为推动全民阅读,更好地履行图书馆推广全民阅读的社会使命,图书馆管理者需要改变原有的管理理念,将阅读推广纳入管理视野,对阅读推广进行顶层设计。此外,阅读推广工作的开展,需要仔细规划和管理团队,开展团队合作,更需要管理人员有效整合好学生组织、社团、校园广播、社区、电台等可利用资源,还需要阅读推广主要负责人调动宣传、策划等各环节人员的主动创造力和参与度,以及馆长全面统筹,全方位参与协调图书馆内部和学校其他各部门的任务分工。图书馆组织结构中有独立阅读推广部门的,有利于阅读推广工作的可持续发展;图书馆无独立阅读推广部门的,只能以抽调方式组织,适合非常规性任务或项目管理模式,其自适应性表现在能全方位地配合完成阅读推广活动任务,但是需要临时负责人或主管馆长组织和协调前期策划、过程管理、后续统计评价以及处理好与日常工作的关系等管理保障。

(三)技术保障

传统的图书馆管理模式与服务体制由于信息技术的应用,已然发生了改变,自动化、网络化、数字化成为现代图书馆的特征。现代图书馆以信息新技术为根基,利用虚拟化存储技术提供快捷的数据服务,通过大众传播媒介、网络等信息技术为读者提供传统服务和电子文献服务。无论是传统阅读方式的信息推送和目录资源整合,还是碎片化内容的电子阅读,都离不开信息技术的支持。熟悉开发和综合利用社会化媒体已是图书馆拉近与读者距离必不可少的手段,掌握应用信息技术是现代图书馆发展的必然要求。例如,借阅系统嵌入微信平台、RFID图书定位信息推送至桌面、屏面等,都需要专人建设、维护和跟踪;再如,APP版图书馆网站开发与应用,其推广、宣传、过程管理、跟踪、统计管理,都离不开信息技术的本体化。

阅读推广人员要时刻关注和学习图书馆信息服务支撑技术的发展和变化,顺应时代发展,不断探索信息新技术。同时,建立和改善智慧图书馆服务机制,营造良好的阅读氛围,在馆内大力培育以人为本、以读者为本的主动服务思想,形成智慧图书馆新的共识与发展动力。此外,要在政策上加以引导,重视提升智慧图书馆服务内涵,加大教育服务功能,加快学习掌握新技术、新阅读载体,从而能够适应新技术、新媒介下的数字图书馆的快速发展,不断提高图书馆的服务质量。

(四)物质保障

高校图书馆在性质上属于国家公共事业单位,主要经费来自国家财政支持和地方财政拨款,因此不同地区的高校图书馆阅读推广服务水平差异较大,东部沿海地区高校图书馆的阅读推广服务意识和建设水平明显高于中西部高校图书馆。同时,由于高校图书馆主要服务群体是高校师生,相比公共图书馆而言,处在一个相对独立和封闭的体系内,因此社会力量对高校图书馆的影响较小。反观发达国家的高校图书馆,社会捐款和公益基金是其广泛开展阅读推广活动的重要支撑,因此,如何拓宽高校图书馆的经费来源渠道,是影响中国高校图书馆阅读推广工作开展的重要因素。

不同的阅读推广项目,所需求的物质支持也有所不同。一方面,高校图书馆应从优化环境、资源建设和提供电子阅读器、笔记本电脑等移动设备免费服务入手,最大化消除读者的物质障碍,从而促进阅读,引导数字阅读;另一方面,高校图书馆可根据自身情况量体裁衣,在研究的基础上做好方案,尽力争取学校的经费支持,或者优化组织方案。

在倡导全民阅读的大背景下,阅读推广已成为图书馆的根本任务之一,"阅读推广是图书馆的生命力"这一论断,是对阅读推广及阅读推广人的高度肯定,同时也是一种鞭策,对高校图书馆阅读推广人提出了更高的要求,激励阅读推广人要以爱岗敬业的责任心,发挥阅读推广人的能力,将阅读推广可持续发展地进行下去。读者服务是贯穿图书馆工作的主线,是图书馆永恒的主题。随着科技的迅速发展,读者对信息的需求呈现多层次、多样化和个性化趋势。图书馆阅读推广工作要为读者提供更好的、更完善的推广服务,而这需要阅读推广人不断提高服务能力,研究读者服务的发展趋势和要求,研究读者服务的方法和技巧,从而在高校阅读推广工作中奉献自己的力量。图书馆只有提供阅读推广工作开展的必要条件,根据自身的优势,在研究读者需求的基础上,明确阅读推广的思路和途径,不断探索实现有效阅读推广的方法和保障,才能为书香校园、书香社会做出应有的贡献。

第三节 阅读推广活动策略探究

一、重视阅读推广活动

国际上阅读风气盛行的国家,政府都是全民阅读推广的积极倡导者和强大后盾。中国国家政府也在极力倡导全民阅读。高校若要引导和提高大学生的阅读热情,必须从上到下统一思想认识,达成共识。从校领导到职能部门及各学院,都要重视阅读推广工作在大学生素质教育中的重要作用,积极倡导阅读,努力为全校大学生创造阅读氛围,并在财力、物力上给予大力支持。

二、通过创新打造品牌活动

阅读推广活动效果的关键在于活动内容的选取。阅读推广活动应内容形式多样,富有创新色彩,同时拥有自主的活动品牌,这样才能够激发大学生的参与热情,引导大学生通过阅读汲取有价值的知识。因此,高校图书馆阅读推广中,一方面要开展丰富多彩的活动项目,从而吸引不同的读者,让读者可以根据个人兴趣有更多的选择机会;另一方面要创新活动形式,打造自主活动品牌,扩大阅读推广活动在校园内的影响力。例如,长沙理工大学图书馆在活动开展过程中,非常重视活动品牌项目及社会影响。他们举办的"梦入诗魂"诗歌朗诵比赛、"潭州夜话"和"中外文化交流会"等,很多都已成为"读者活动月"的重要品牌,并在本省荣获奖项,不仅得到了本校读者的积极响应,还吸引了许多周边高校的学生参加。上海财经大学图书馆在2008年确立了自有阅读推广品牌"悦读",经过几年的实践摸索,在校园内已具有一定的影响力。因此,注重活动品牌项目效应,有利于提高活动效果,达到阅读推广的目的。

三、以图书馆为主、各部门为辅

图书馆是高校开展阅读推广活动的主导者,一方面,要以自身拥有的馆藏资源为基础,从战略高度重视阅读推广活动,逐步完善活动运行机制,指定图书馆的专门部门负责活动的整体策划,同时调动馆内其他部门及馆员的积极性,力争全体馆员积极投入活动;另一方面,为了扩大阅读推广活动的影响力,取得更好的活动效果,图书馆应联合各个学院和学生社团,多方面协同工作进行阅读推广活动,以此营造更好的阅读氛围和宣传阅读活动。

四、前期重宣传,后期重展示

想要吸引读者的目光,使更多的大学生参与活动中,就必须重视阅读推广活动的前期宣传工作。常见的宣传方式有两种,一种是传统方式,包括在学生经常出入的地方(如教学楼、宿舍、食堂等)悬挂横幅、粘贴海报、发放宣传页等;另一种是利用当今大学生喜爱的社交网络平台,如校园网、图书馆专栏、博客、微博、微信、论坛等媒介进行宣传,从而营造浓厚的活动氛围,推动活动的有效开展。社交网络平台已成为图书馆和读者进行探讨和交流的重要信息平台,如华东师范大学图书馆、华东理工大学图书馆、上海财经大学图书馆、上海对外贸易学院图书馆等都纷纷利用新浪微博等进行阅读推广活动宣传。还有一些高校图书馆将阅读推广活动的花絮视频剪辑上传到图书馆网站或制作成微电影,并取得了良好的效果。

在活动后期,图书馆组织者可以将活动项目的比赛结果和作品通过官网主页公布,并利用图书馆一角进行书画征文等作品展示,还可以在活动闭幕式上邀请校领导、图书馆领导为获奖读者颁奖,以此表彰和鼓励更多大学生读者关注和参加阅读推广活动。

五、加强总结评价工作

阅读推广活动是一项系统、持久的工作,高校图书馆的组织者和实施者应该在活动推广结束后及时进行活动实践总结,内容包括活动策划流程是否严密、实施过程的难易事项及活动开展效果,对每一项活动及整体活动效果都进行一个有效评估,这样才更有利于提升活动效果。图书馆可以通过设计问卷调查,及时获取学生对阅读推广活动的反馈信息,总结活动开展过程中的成功经验和不足,并在下次活动中做出调整和改进。例如,某高校采用了网络问卷形式,分别对参与活动的大学生和阅读推广活动的负责人进行了调查和统计。问卷首先归纳了17种阅读活动,并提出8个活动评价指标,包括活动参与人数、提升读书兴趣的活动、增加到馆时间的活动、需要专项知识或技能的活动、增多读书数量的活动、增加读书时间的活动、增加新的知识的活动、最满意活动,再根据8种指标对17种阅读推广活动进行评价,得出阅读推广活动中"参与广度的活动""参与深度的活动""最满意的活动""最有效的活动"的排序。然后对图书馆阅读推广活动负责人进行调查,了解图书馆对大学生阅读问题的看法,结论是图书馆应主要针对大学生不善于选择图书、不善于利用电子资源、不想阅读图书等困难进行阅读推广活动。高校图书馆不能只看重阅读推广活动的形式、声势而不考虑活动的成效,只有将开展与完善相结合,才能真正在全校范围内提升阅读推广活动的氛围和影响力,才能实现阅读推广活动的目的。

第四节　阅读推广活动的策划

近年来,高校图书馆提倡"以读者为中心,以服务为主导"的服务理念,举办各种阅读推广活动,加大对资源和服务的推广力度,激发读者利用图书馆的兴趣。优秀的阅读推广活动有利于发挥图书馆的功能,塑造图书馆的正面形象,同时发挥"润物细无声"的形象识别作用。

新信息环境下,读者对阅读推广服务呈现出多方位、全面性、独特性的需求特征。高校图书馆要努力适应新环境的变化,挖掘自身所具备的服务潜力,不断融入新的理念,延伸和拓展阅读推广服务的内容和形式,提高阅读推广服务的质量,吸引既有的和潜在的读者群,充分发挥阅读推广服务的效用。

一、大学图书馆阅读推广活动的受众、目标与形式

阅读需要普及与推广,但推广方式没有硬性规定。高校图书馆是大学校园中读书活动的策源地和大舞台,阅读推广活动一般由高校图书馆推动。高校图书馆的服务对象主要是青年学生及老师,阅读推广活动很大程度上就是针对大学生展开的。大学生除了阅读专业文献,还需要阅读那些与他们心理成长和人格完善有关的书籍。

阅读推广可以提升图书馆的服务能力,符合图书馆核心价值的阅读推广目标是:让不喜欢阅读的人喜欢上阅读,让不会阅读的人学会阅读,让阅读有困难的人跨越阅读的障碍。因此,针对大学生进行阅读推广的目标主要有以下几个:提升资源使用率,提升大学生阅读意愿,提高大学生阅读能力,提供阅读交流的平台。

狭义的阅读推广一般指书目推荐或读书会等活动,以及针对节假日开展的专题阅读活动,但实际上,大学图书馆的阅读推广活动范围很广,包括线上和线下推出的各种推广活动。

高校图书馆开展的阅读推广活动形式多样,既有名家讲坛、读书沙龙,也有知识竞赛、设计大赛等活动,活动目的在于激发学生的读书兴趣和创作热情,使图书馆服务理念深入人心。

二、大学图书馆阅读推广活动的策划原则

大学图书馆开展阅读推广活动的目的是吸引大学生注意及参与,活动需精心创意与策划。详尽细致的策划方案是顺利开展阅读推广活动的保证。

(一)协调针对性与整体性

每一项阅读推广活动都是针对一定的目标群体的。大学图书馆开展阅读推广活动,需要设定明确的目标群。大学生的阅读倾向和规律因其所处年级以及知识积累程度的不同存在明显差异,要针对不同群体开展不同内容形式的阅读指导活动。客户细分是客户关系理论的重要组成部分,特别强调需求的差异性。推广对象分层越细,所做的工作越有针对性,就越能满足特定群体的需求。图书馆大学生读者可分为本科生、硕士生、博士生,这个分类还可进一步细化,本科生还可分为新生、老生及毕

业生。阅读推广的对象主要是本科生，而针对新生的活动与针对老生的活动却大有不同。新生到校后，一个重要任务是了解图书馆，提高信息素养，而老生在这方面已有基础，他们更希望找到自己想看的图书，大三、大四的本科生则更希望获得写论文、考研、找工作等方面的指导，即使是同一年级的学生，人文学科和理工学科的学生，需求也是很不一样的。

阅读推广还要考虑整体性，包括与图书馆服务宗旨协调一致，兼顾图书馆各个读者群体。大学生层次不同，在策划活动时要统筹考虑，不能只考虑某一个群体的需要，不能只考虑新生的需求，也不能只考虑老生或毕业生的需求。在开展阅读推广活动时，要做通盘考虑，再做适当倾斜。例如秋季，考虑到新生入学，可以多开展一些面向新生的活动，适当地开展一些针对高年级学生的活动。到了春季，活动内容可以适当向高年级学生倾斜，适当地开展针对低年级学生的活动。

（二）结合科学性与前瞻性

阅读推广活动策划首先要确保导向正确、宗旨明晰，意在引导阅读和促进阅读。其次，阅读推广活动的策划内容和形式是具有可操作性的，图书馆在人、财、物上能保障活动顺利实施。

阅读推广活动的策划也要有前瞻性。除针对纸质图书等开展活动外，要时时关注网络化环境下新技术的发展及读者阅读习惯的变化，跟踪数字阅读、掌上阅读、新媒体等的发展，创新活动形式，不断策划新的主题活动。

（三）兼顾计划性与可持续性

阅读推广每一项活动都要进行很长时间的筹备。为保证活动质量与效果，要做到未雨绸缪，策划之初，就要考虑人员、经费、资源甚至时间和空间等条件，提前为拟筹划的活动创造相关条件。

通过推广阅读来促进读者阅读习惯的养成、阅读文化的建设，是一个长期的过程，非一两次读书活动就能做到，所以阅读推广不应是应景、应时的节日型、运动型活动，必须建立起长效机制，在人员、经费、资源等方面做出整体规划和安排。在策划时，可以考虑将有些可反复开展的活动做成品牌，形成口碑效应，读者经阅读推广活动的反复刺激，可提高参与的欲望。例如，"一城一书"这样的活动就可持续性开展，可以以年、季、月、周等不同周期开展，周期不同，书籍不同，这样可以大大提高书籍的阅读率。在高校图书馆，也可以持续打造"一校一书"的立体阅读模式，让阅读成为习惯。

（四）平衡创意性与常规性

阅读推广活动的开展是希望引导更多的人参与，宣传推广活动具有创意，能极大地提升宣传效果。衡量宣传推广活动是否具有创意，要看它是否引起了大学生广泛的共鸣，是否给大学生留下了深刻的印象并取得广泛的关注。图书馆可定期策划一些创意性活动，阅读推广的策划要打破常规，寻找创意上的突破，要能够吸引大学生的眼球。在策划活动时，要求方案新颖、个性化、趣味化、富有挑战性，达到"惊异效果"。

然而，创意性活动要耗费更多的人、财、物，对技术也有更高的要求。图书馆也不可能所有活动都是创意性活动。阅读推广活动本就有常规与非常规之分。常规性活动，在图书馆内经常性地开展，较利于营造品牌和口碑。图书馆阅读推广活动的策划，特别要注意在创意性和常规性间寻找一个平衡，将常规活动打造成品牌，在人、财、物条件合适的情况下，开展创意性活动，达到锦上添花的效果。

三、大学图书馆阅读推广活动的策划思路

（1）与图书馆馆藏资源推介相结合。图书馆丰富多样的资源是吸引大学生来馆或使用的因素之一。高校学生的流动性，决定了图书馆读者的流动性。图书馆的资源数不胜数，但需要图书馆不断推介。在这个多元化选择的时代，图书馆应加大对资源主动推送的力度，吸引更多的学生走进图书馆，了解图书馆，利用图书馆。

（2）与图书馆服务相结合。图书馆的优质服务与阅读推广之间是一种相辅相成的关系。目前高校图书馆服务项目众多，包括借阅服务、视听服务、数据库服务、教学培训、文献传递、学科服务、论文收录引用等。阅读推广活动的进行，必定对图书馆的形象有正面宣传的作用，促使更多的读者了解和使用这些服务。图书馆要结合这些服务，将宝贵的资源推介出去。

（3）与读者需求相结合。阅读推广的目的是吸引读者广泛参与，营造浓厚的校园书香氛围，养成良好的阅读习惯，让全民阅读成为亮丽的风景线。同时要充分考虑用户信息素养的提升，用户信息素养提升了，就可遨游学海，享受"悦读"的情趣，读更多好书。

四、大学图书馆阅读推广活动的策划流程

（一）做好前期调研

1. 对图书馆的资源与服务特色进行梳理整理

策划人员要对本馆的资源与服务有充分的了解，从而进行有针对性的推介。推

介方式有两种：一种是依托大众性的资源和服务进行阅读推广策划,如结合好书榜、获奖图书等开展书展和读书会;另一种是挖掘图书馆特色资源和服务进行阅读推广策划,推出专题活动。

2. 了解读者才能进行针对性推介

新信息环境下,互联网上的新创意层出不穷,很容易转移读者的注意力。很多高校图书馆在策划活动时,往往依据惯性思维,事先没有认真调查学生的阅读兴趣和实际需求,与读者沟通不足,用户体验偏少,欠缺双向深层次交流,导致策划活动的参与者较少。

图书馆要紧跟时代的发展,了解"90后"和"00后"的心理,融入快乐推广的理念,在图书馆与读者间建立一个亲和的"媒介",搭建良性互动的平台,将活动的推广方式打造得活泼、有趣,迎合读者的喜好,与读者形成共鸣。

(1)通过前期调研了解读者的需求。阅读推广活动的前期调研很重要,强调以读者为中心,重视读者的体验,充分了解高校读者的阅读兴趣和阅读爱好,针对高校读者的兴趣爱好进行选题策划,让读者真正成为阅读推广活动选题策划的参与者。

通过观察或读者调查、访谈、座谈,设置建议箱,图书馆流通数据分析等方法,多方面了解读者的需求。调研可以采用问卷调查、有奖问答、现场采访调查等方法;也可以通过社交网站、微信、短信、图书馆主页发放调查问卷、电子邮件进行调研,获取调查数据;还可以充分利用图书馆的官方微博和图书馆馆员的个人微博与读者互动,听取读者的意见。在进行调查时,调研者要对大学生读者群进行细分,如本科新生的座谈会,高年级本科生的调查表,硕士生、博士生的需求访谈。此外,特别要注意了解人文社会科学学生与理工科学生的需求差异。

(2)根据大学生阅读类型进行推介。大学生阅读的类型可分为目的阅读型、从众阅读型、随意阅读型。目的阅读型读者有较明确的目的,根据需求选择图书,如阅读考试类书籍、英语学习书籍、论文写作书籍、小说等,这类读者往往有明确的书单,图书馆可根据这类读者的需求补充馆藏,引导其阅读更多相关书籍。从众阅读型读者,大部分是别人读什么,他就读什么。对这类读者可重点进行荐读服务。随意阅读型读者数量较多,这类读者到图书馆往往没有明确的目标,在书架中看到适宜的书就随意看,一般也不会深入读某本书,这类读者可以开具书单进行引导。

(3)阅读推广时机的选择。阅读推广的时机选择很重要。例如,对刚进大学的学生推荐论文写作方面的书籍,效果必然不会太好,只有适时适宜地开展荐读活动才会有比较好的效果。每年9月份,大学新生到校,图书馆阅读推广的重点可以围绕大一新生进行,帮助大一新生更好地适应大学的学习和生活;每年11月份可以针对研究生进行开题或专业写作方面的书目推荐;每年5~6月份可以针对毕业生开展创业方面的书目推荐或讲座。

(二)确定活动意向

图书馆阅读推广的总体目标是推广资源与服务,但任何一项具体活动的开展,都需要一个清晰的意向,这样策划才有方向。

从近几年阅读推广活动的开展来看,可初步将活动意向归纳为如下几种:

(1)引导阅读。引导阅读主要是开展专题书目推广或书展。这些活动策划主要立足大学生读者阅读推广,倡导健康的阅读风气,兼具知识性、思想性和趣味性。

(2)引导学术、思想、文化的交流和分享。

第一,大型讲座。各类型文化讲座,促进文化传承和创新。

第二,小型读书沙龙。欣赏文艺作品、分享阅读感悟、培养人文素养的阅读交流平台,强调交流分享。

第三,真人阅读。以面对面的形式沟通,分享多样人生经历和感悟,励志成才。人即是书,书即是人,人书合一。

(3)阅读感悟和分享。

第一,读书征文。强调以阅读感想和阅读思考为中心,写出自己不同的见解和真情实感,可读性强,对同龄人有启发。

第二,书评大赛。可以是不同主题的书评大赛,或网上微书评活动,字数不限,强调感悟。

(4)提升资源的推广利用率。

第一,针对电子资源推广,举行"学术搜索之星"挑战赛,或数据库有奖竞答等活动。

第二,针对纸本资源,举行"找书达人——图书搜寻大赛",或书山寻宝类活动,让新生通过游戏比赛的方式学习索书号知识,以更快速、更准确地找到所需图书。

(5)加强阅读资源的循环传递。图书互换会、图书漂流活动可让读者各取所需,让书籍流动到最有需求的人手上。

(6)加强阅读的示范效应。通过"借阅之星评奖""读书之星比赛"等活动,结合身边的实例激发学生的阅读兴趣。

（三）确定选题

实践中，初步确定要开展某方面的活动，如书展或读书征文，会面临"选题"，这又是一个难点，很多人会为想不出一个好的主题而犯难。如果不想落入俗套，使活动接地气，且具有学术性、时事性、知识性、趣味性，可参考以下方法：

（1）关注社会热点。目前大学生获取信息的途径很多，微博、微信以及各大主流媒体每天推送的新闻很多，图书馆如果能将活动与热点有机结合起来，就能瞬间抓住大学生的兴趣点。例如，在莫言获得诺贝尔文学奖后，图书馆推出诺贝尔文学奖获奖作品的推荐书目，便吸引了大学生眼球。

（2）关注文化机构的热点。一些文化机构，如新闻社、出版社、学校、书店等的活动和网站是策划人员需要经常关注的。年度好书榜、文学奖获评图书等都可以作为活动选题，由此策划一系列活动。

（3）结合节日或纪念日进行选题。节日或纪念日通常蕴含着历史文化内涵或跟某个重大历史事件相关。借助节日或纪念日，可开展活动，可亲近传统文化，夯实文化底蕴，提高人文素养。

（4）结合本校特色、重大活动和校友等选题。阅读推广活动还可以与本校特色、重大活动（如校庆、馆庆、纪念日）、校友等紧密结合，吸引更多学生。例如，清华大学与校庆日结合的"清华人与清华大学"专题书展，清华大学图书馆结合百年馆庆开展岁月留痕、清华藏珍、馆庆书系、系列展览等活动；北京大学图书馆结合秋季迎新推荐书目展，围绕"认识北大、热爱北大""适应北大、享受北大""走近大师、提升素养"等主题，精选了一批适合新生阅读的书，收到了不错的反响；武汉大学图书馆在毕业季线上线下推出知名校友雷军的书单，以经过雷军精心挑选并大力推荐的10本书，作为送给毕业生的温馨"礼物"。

（四）实施策划

（1）整体规划。图书馆的活动，根据高校本身的学期特点及学生利用图书馆的规律，基本可分为常规阅读推广活动、专题阅读活动，以及吸引人眼球的创意推广活动。图书馆根据自身特点，可开展不同层次的活动。

整体规划需明确的主要问题有活动主旨、活动主题、活动时间跨度、活动组织方和合作方、活动主要内容、活动进度、活动子项目任务分工的落实、活动经费预算、活动预期效果、效果评估方法等。整体规划主要从全局统筹阅读推广活动的内容，以及人力、财力、物力、技术、时间与空间等资源的分配，从必要性和可行性两方面进行决策。特别要注意在策划与实施间寻找平衡点，有些非常好的创意，囿于现实条件，往往难以实施,会导致半途而废。

(2)设计活动方案。在整体规划的统筹下,对于各个阅读推广子项目,还要设计具体的实施方案,实施方案一般由子项目负责人根据统一要求起草制订。实施方案解决的问题更加具体,包括要做什么、怎么做,以及事后的评估怎么做,都要说明。

要做什么,即确定活动主题,确定活动对象、活动内容、活动形式。怎么做,即确定活动管理方式、活动人力安排、时间安排、活动奖励方式、合作方式以及活动宣传方式(包括纸媒宣传及微博、微信、图书馆网站、合作网站等新媒体的宣传)。

活动的主题要鲜明有力,名称要贴合学生的心境且朗朗上口,文案的文风要活泼幽默。

五、大学图书馆阅读推广案例

(一)常规阅读推广活动

图书馆常规阅读推广活动,一般包括书目推荐或书展、读书会、真人阅读等,也有把这几者结合起来的立体阅读活动。

1. 书目推荐或书展

图书馆举办形式多样的导读和推荐书目工作,举办特定主题的图书展览,集中推介系列优秀图书,引导学生多读经典书籍,从而起到塑造健康人格、陶冶情操、感悟教化的作用。推荐的范围不限于纸质图书,还可以是电子图书,甚至期刊、视频。

书目推荐包括新书推荐、主题书目推荐、借阅排行榜、知名人士荐书、馆员推荐等等。在进行书目推荐或书展策划时,可体现以下特色:

(1)经典名著类阅读。如中英文名著、人物传记经典、分学科经典著作(如经济学、法学等)。

(2)体现时代特色。如知名大学校长荐书书展、影响中国的十大法治图书、新生推荐阅读书展。

(3)体现地域或学校特色。如"汉派作家"书展、清华人与清华大学书展、特色馆藏与藏书印展。

(4)体现专业特色。如医学主题书展、水利电力专业书展。

2. 真人图书馆

真人图书馆(Living Library)是读者"借"与一个活生生的人交谈,获得更多见识的活动,起源于丹麦的哥本哈根。真人阅读有别于图书的优势在于它提供的真人书有丰富的生活经验,这种服务通常是读者在其他地方无法获得的。资料显示,国际上的真人书有球迷、治疗康复师、警察、素食者、新闻记者、外来移民、残疾人等各阶层的人选,他们都是志愿者。这些人要自愿且有能力将自己的人生经验、隐性生态资源与他人分享。另外,真人书和读者之间还要建立一种良好的沟通和理解关系,经常会面对面地探讨不同的生活方式、生活环境,这些话题都是读者之前从没有接触过的。从某种程度上来说,真人图书馆的使命不仅是让读者获取一些自己好奇的知识,还可以消除不同群体之间的歧视,增强人们的安全感,这也是人们阅读纸质图书所不太可能获得的最直接的感受。

3. 立体阅读

所谓立体阅读,是图书馆利用自身的设施条件和人才等综合性优势,结合实物陈列、图片展览、讲座、演出、组织读者进行相关文献阅读、与读者互动等多种形式为一体,全方位、多层次地宣传推广主题的一系列活动的总称。

(二)专题阅读活动

专题阅读活动可以根据不同的时机拟定主题,并在该主题下开展若干子活动,这些活动可以囊括前面所讲的常规活动。专题活动体量更大,内容更丰富,具有较强的冲击力,易于每年固定时间开展,容易形成品牌。

1. 世界读书日专题阅读活动

结合世界读书日开展阅读推广活动,是高校图书馆最传统、最广泛的推广方式,其活动的开展一般在"4·23"世界读书日前后,通常在读书日当天,或持续一周、一个月、两个月。读书节或读书日的阅读活动形式多样,从高校图书馆来看,近几年举办的活动基本集中在以下形式:一是讲座类或座谈会类(含小型读书会),如名师讲座、资源及服务讲座、读书沙龙、真人图书馆、读者座谈会、问卷调查等。二是书目推荐或展览辅导类,如推荐书目、现场书展、阅读推荐网站、爱书护书展览、阅读辅导等。三是比赛或评比类,如图书馆知识竞赛、设计大赛、摄影比赛、视频比赛、诵读比赛、微书评比赛、书画展、摄影展、管理之星评选、优秀读者评选。此外还有影视欣赏、图书互换、图书漂流、社区阅读等。

2. 新生季导读活动

新生经历高考进入大学,有强烈的读书愿望,也有更大的自由选择自己喜欢的书。然而,面对图书馆海量的文献资源,他们会茫然不知所措。推荐馆藏并指导阅读,是针对大学新生的阅读推广的重要内容。图书馆要把握住新生刚入校时对一切怀有好奇心的时机,引导他们步入知识的殿堂,理清阅读脉络,形成明晰的阅读理念,为今后的专业学习、兴趣发展、素养培育打下良好的基础。高校图书馆一般在每年9月至

10月的迎新季,开展针对新生的立体式导读服务。这些活动旨在让新生尽快了解图书馆空间、布局与功能,尽快熟悉图书馆资源与服务。迎新季通常包括以下活动:一是新生参观图书馆活动,包括个人及班级体验式参观、现场定时参观、学科馆员带领参观、网上虚拟参观等形式,这种参观让新生对图书馆有感性认识,是目前大多数高校图书馆均会开展的工作。二是开展新生入馆教育,包括建设迎新网页、发放新生指南、开展新生培训等。三是开展迎新书展。四是开展"书山寻宝"有奖问答活动,题目类型主要是关于图书馆馆藏及各种入门级利用方法和技巧。五是开展找书大赛。图书馆制作出内有索书号、书名、条码号的清单,学生组队查找图书,以查找图书的准确率和所用时长作为评比依据,其目的是让读者尽快学会通过联机公共目录查询系统(Open Public Access Catalogue,简称OPAC)找书,并熟悉图书馆的书籍排架体系。

3. 毕业季阅读活动

毕业季的大学校园充满了离别和伤感的情绪,因此毕业季主题活动成为高校阅读推广的一种重要形式,为校园文化建设增添了一抹书香雅韵。毕业季主题活动融合了寄语、征文、网络阅读、图书漂流等内容,是阅读推广活动的创新形式。

图书馆毕业季主题阅读活动为毕业生提供了心理疏导与情感抒发的平台,使图书馆变成与学生交流互动的活的文化载体,迎合了毕业生的心理和情感需求。中国目前有较多的大学举办毕业季主题活动,活动规模不尽相同,有的只开展一项具体活动,有的则开展系列活动,这些活动旨在体现人文关怀或进行毕业生职业指导,毕业季活动包括:①推出毕业感言或毕业墙。如南京大学图书馆推出图书馆"毕业季照片墙活动"。②为毕业生赠送图书馆爱心卡。例如,北京大学的"带走一份属于你自己的'书·时光'毕业纪念卡"活动,上海交通大学图书馆推出"图海足迹书香留存"活动。③推出面向毕业生的专题书架。如清华大学图书馆推出"专题书架——年轻人,创业吧!"活动。④图书捐赠活动。号召毕业生将阅读过的好书、使用过的教材和参考书捐赠给图书馆,让书籍焕发新的生命。

高校图书馆开展的毕业季活动各具特色,以北京师范大学图书馆和厦门大学图书馆为代表。

北京师范大学图书馆的特色寄语活动。北京师范大学图书馆在2013毕业季主题活动中,精心设计了以"致那些书香为伴的BNU年华"为主题的书名串烧版寄语。寄语用39本经典图书书名串联,记载毕业生的大学历程,回忆毕业生的青春时光,激励毕业生努力拼搏,为毕业生送上一份温情而有爱的祝福。厦门大学图书馆的"圕·时光"。"圕·时光"将每位毕业生的阅读清单和入馆次数,以贺卡的形式发放给毕业生。

"圕·时光"共分五个部分：缘起、初恋、故事、书单、告别。五幅有纯色之美的插画，配上优美的文字，将毕业生4年来与图书馆的点滴记录下来。

（三）创意阅读推广活动

新型的阅读推广活动形式和内容，是吸引读者广泛参与的根本。因此，要不断丰富活动主题，挖掘出有创意的内容，促进图书馆与读者互动交流。有的高校图书馆在这方面进行了很好的尝试，可供借鉴。

郑州大学图书馆的"读书达人秀"，河南大学图书馆开展的晨读经典、经典诗词表演汇等活动，均是对活动形式的创新。郑州大学图书馆"读书达人秀"活动融入时尚、竞赛、娱乐等诸多元素，将学生的"读""记""悟""行"进行有机结合，以创新的方式诠释读书的快乐。湖南省高校"一校一书——经典、精读、经世"活动，通过方案设计，评选"一校一书"精读图书，组织主题读书活动，撰写读书心得，举办校内初评，组织全省高校网评，进行总结评奖等，使活动深入化、品牌化。

在传统的活动形式上，挖掘新型活动内容，也可以起到很好的宣传效果。例如，北京大学图书馆"书读花间人博雅"好书推荐暨阅读摄影展，开展针对精选好书的"对比+模仿"形式的摄影展，以12位北京大学女生模仿西洋名画拍摄30幅读书图，充分展示知性优雅之美。

以游戏或闯关方式可增加阅读推广活动的趣味性。图书馆推广服务游戏化就是在用户的图书馆服务体验中增加游戏因素，其目的是利用游戏中的积分和等级奖励体系来鼓励用户使用图书馆。图书馆服务的游戏化不仅可以提高用户利用图书馆资源和服务的概率，还能使用户在游戏的过程中更为有效地解决现实中遇到的问题，且这个过程和以往相比更为有趣。在体验游戏化服务的过程中，原本看似简单枯燥的操作变得有趣，简单新鲜的使用过程促进了用户的参与和分享，提高了用户的关注度，用户在每一次使用过程中都可以感受到自己的进步，从而在整个过程中保持愉悦的状态。

事实上，国际上很多图书馆早就开始使用游戏化推广方式，如英国哈德斯菲尔德大学的 Lemontree 项目。该项目是英国 RITH 公司（Running in the Halls）开发的 Librarygame 的一个子项目，是专为高校图书馆设计的一款游戏，希望借助 Librarygame，把非图书馆用户变为图书馆用户，使用一种新的奖励方式让老用户通过强制机制和游戏中的社交构建以及具有吸引力的交互界面，实现新资源的发现和互动。通过一种基于社交及游戏的学习平台来提高图书馆资源的利用率，其本质是直接嵌入用户的图书馆体验，并增加一些让游戏更为吸引人的元素。它不仅给图书馆用户提供了一种新鲜且有用的社交发现界面,也给图书馆馆员提供了一种获取"用户如何利用图书馆"的相关数据的新方式。该游戏具有反馈机制、自动升级机制、奖励机制、同伴动力等功能。美国卡内基梅隆大学图书馆的 Within Range 则是为培训用户在书库中寻找和定位印本图书而设计的图书排架游戏,美国印第安纳波利斯大学图书馆开发的 Info Hound 游戏涵盖全部和大部分信息素养教育内容。

中国高校图书馆近年来开始将游戏化引入阅读推广服务。清华大学图书馆推出"爱上图书馆之排架也疯狂"游戏,培训用户在书库中寻找和定位纸本图书。武汉大学图书馆推出"拯救小布新生游戏",游戏通关则开通校园一卡通的使用。北京大学图书馆"网虫大闯关,玩转图书馆"活动,设立六道关卡,最短时间内完成全部任务的队伍可获得最终大奖。重庆大学图书馆 2014 年发布"我的书斋"任务系统,向读者提供集知识性与趣味性为一体的任务服务。这些活动都提高了读者的参与度,得到了读者的肯定和赞赏。

六、阅读推广活动策划的重点

高校图书馆阅读推广活动的目的是培养读者的人文素养,推介图书馆的资源服务,提高读者的综合素质。推广活动是保证读者阅读权利、提高读者信息素养的需要,也是发挥图书馆社会功能乃至构建学习型图书馆和学习型社会的需要。只有充分发挥阅读推广的作用,才能更好地改善读者的阅读现状,提高读者获取信息的能力。高校图书馆在阅读推广中要重视以下几点:

(一)做好顶层设计与规划

读者阅读习惯的养成、阅读文化的培育以及对资源服务的了解和充分利用,并不是搞几次突击式的活动就可以实现的。为了营造良好的读书氛围,树立图书馆文化建设的品牌,高校图书馆需制定或完善推广政策,保障阅读推广活动的开展。

高校图书馆要根据需求,规划推广活动的类型和规模。推广服务的本质是适应读者群的兴趣和接受方式,为读者提供更好的资源,让读者体验更好的服务,同时提供快速表达诉求的渠道。从高校图书馆目前开展的推广活动来看,存在很多同质化活动。要想吸引读者且有创新性和特色性,需要组织者多方调研,既要了解读者的需求和喜好,也要符合本馆的现实条件。新活动的实施需要较长时间的规划与设计才会成熟。根据学生入学时间和学习规律,春季学期推广阅读,秋季学期推广资源和服务较为适宜。

（二）策划时要考虑活动的持续性与品牌性

从高校图书馆文化活动来看，各种活动各有侧重。例如，书展、阅读征文、读书沙龙、微书评、诵读比赛等有利于深化阅读；名师讲座、推荐书目、信息培训、知识竞赛等彰显了教育使命，保障了信息的获取；优秀读者评选、读者座谈会、爱书护书宣传、图书互换、图书漂流、问卷调查、读者沙龙等可以营造和谐的图书馆关系；艺文展览（包括书画展、摄影展）、设计比赛、视频比赛、影视欣赏等则可以提高人文素养和艺术鉴赏力。

在策划活动时，要充分考虑活动的可持续性和品牌建设。品牌塑造，可提高活动的"吸睛度"。图书馆利用自身资源、服务或人力优势，建设独具特色的文化活动，形成图书馆常规活动，达到让读者耳熟能详的目的，就可形成品牌。品牌文化活动会提升读者的参与度，增加互动性，对培养良好的读者群体具有积极意义。各图书馆都着力打造自己的推广品牌。例如，清华大学图书馆的"爱上图书馆"系列、厦门大学图书馆的"TEDxXMU夏季分享会：认真做文艺"、武汉大学图书馆的"拯救小布"系列游戏、同济大学图书馆的立体阅读、重庆大学图书馆的"不见不散毕业生歌会"及"文化衫设计大赛"、郑州大学图书馆的"读书达人秀"、湖南大学图书馆的"一校一书"精读推广活动等，均成为各馆着力打造的品牌。设计、推广、传播，进行持久的传播推广，都是在持续地提升品牌形象，增加品牌价值。

（三）重视阅读推广活动的人文关怀

图书馆是人类的精神家园，图书馆的人文关怀就是要在图书馆中营造良好的人文氛围，策划要多站在大学生的角度思考问题，倾注人文情愫，体现人文关怀。

名师讲座作为接受继续教育、吸收知识、交流信息、品味高雅文化的社会课堂，体现图书馆的人文关怀，以精神养料丰富其休闲生活。

形式多样的导读和推荐书目工作引导学生多读人文经典书籍，起到塑造人格、陶冶情操、感悟教化的作用。诸多图书馆开展人文书展，都丰富了校园文化内涵。

图书馆要对新生及时介入，让新生参观图书馆，做好入馆宣传教育，及时制作供新生快速入门的引导性网页，开发适应新生特点的轻松活泼的答题寻宝方式，引导新生主动了解图书馆的资源和服务，熟悉图书馆的环境，激发对图书馆的兴趣和喜爱。图书馆对新生读者的这种人文关怀，能让他们尽快了解图书馆，主动来图书馆阅读，创造相互信任和理解的关系，为图书馆更好地开展服务打下良好的基础。毕业时节，图书馆开展一系列毕业季人文关怀活动，让莘莘学子带着图书馆的知识和祝福走向新的人生征程，满溢着人文关怀。

（四）善用新技术与新媒体

在阅读推广过程中，新技术的应用随处可见。新技术不仅为推广活动注入了新的活力，也使推广活动更前瞻高效。社交网络服务和大数据服务是其典型代表。

社交网络服务（Social Networking Service，SNS）通过用户之间的分享、参与及互动，改变了用户获取信息的方式。众多图书馆加入社交网络，为图书馆拓展服务提供了更多的途径，也为读者获取信息提供了更多便利。微博、微信等社交网络服务都是新媒体环境下图书馆服务的延伸。不少图书馆在各大门户网站认证的微博，成为图书馆与图书馆、图书馆与用户之间沟通的良好平台。微信公众平台在消息推送、即时阅读、自助服务方面具有很强的优势，作为推广阅读和提升品牌影响力的重要工具，越来越受图书馆界的重视。通过微博和微信，图书馆发布的与阅读推广相关的信息有图书馆推广活动公告和前期宣传，讲座、培训等信息通告，新书通报、好书推荐、艺文展览，宣传活动互动及速递，宣传活动总结等。目前，很多图书馆均将微博和微信联动使用，将活动以图文及音视频形式进行报道，这对互动量和关注量都起到了极强的拉动作用。

大数据时代的到来，使图书馆对读者的阅读需求、阅读行为、阅读情绪和阅读满意度的细节化测量成为可能。图书馆若对所采集的读者阅读行为数据和社会关系数据进行有效分析，并能在复杂、零乱的数据背后准确发现、预测出读者的阅读行为习惯、喜好和需求，则会为规划和设计更好的阅读推广策略打下基础。大数据在图书馆中的应用，还体现在为读者定制读者使用分析报告，制作毕业生利用图书馆报告以及为每位毕业生制作属于自己的图书馆生活纪念册。

从目前的图书馆推广工作来看，图书馆对技术与设计人才的要求越来越高。要打造"酷炫"的效果，就需要先进的技术和精致的设计支持。无论是开发游戏或移动客户端，还是机器人的智能功能，都对技术和设计的需求越来越高。技术和设计二者需要密切配合，才能相得益彰。

（五）通过合作推动阅读推广活动实现跨越性提升

阅读推广活动要办好，仅靠图书馆一家甚至图书馆内某一部门、某一人之力是不够的，只有利用广泛的合作，对资源进行优化整合，才能推动阅读推广活动实现跨越性发展和提升。

推广活动主要由图书馆组织和发起，首先需要建设一支专业素质过硬、精神面貌良好的阅读推广人员队伍，如活动设计、宣传品设计、网页建设等人员，使推广活动能以海报、电子屏、网页等各种精美形式及时呈现，达到立体宣传目标，保障推广活动的互动参与性。

由于高校图书馆推广活动面向的读者类型多样,个性化需求明显,所以除需要进行充分的馆内合作外,还需要其他部门的通力合作,如宣传部、团委、教务部门及各院系等,并邀请学校有影响力的专家教授,定期为读者提供专业领域图书的阅读指导,交流阅读体会及经验,形成强大的校园影响力,广泛促进高校学生阅读。

学生会、学生社团是最能贴近学生读者的组织,在开展活动中有较好的亲和力和感召力,而且学生社团中有各种专长的学生,对阅读推广活动起到人力支持作用,可推动校内阅读组织的成长和壮大,可以把读书会、读书沙龙等纳入整个图书馆阅读推广体系,壮大阅读推广队伍。

第五节 推广活动评价

一、高校阅读推广活动评价的意义

高校阅读推广活动仍普遍存在两类问题:第一,活动效果参差不齐。一些活动的收效较花费的人才、物力来说,不尽如人意。有的活动影响面较小,有的活动强拉学生参与,甚至引起学生的反感。第二,活动缺乏系统性和常规性。活动的形式虽然多种多样,但图书馆在举办活动时比较随意,系统性不够,常规性不够。因此,有必要对现有的高校阅读推广活动进行梳理,探讨这些阅读推广活动的特点和关系,对图书馆整体的阅读推广活动进行总体评价,从而让高校图书馆能够响应大学生的阅读需求,结合自身的特点,既能打造阅读推广活动的品牌,又能系统地提升阅读推广活动的效果。

中国图书馆学会网站发布了《大学生阅读暨高校图书馆阅读推广问卷调查报告(2010)》,该报告由中国图书馆学会阅读推广委员会、大学生阅读委员会、阅读与心理健康委员会联合完成。报告认为,高校图书馆阅读推广活动,采取的组织方式主要有14种:读书征文比赛、图书推介、名家讲座、图书捐赠、读书有奖知识竞赛、图书漂流、精品图书展览、经典视频展播、读书箴言征集、名著影视欣赏、馆徽设计征集、名著名篇朗诵、品茗书香思辨赛、评选优秀读者。经典视频展播和名著影视欣赏可以看作一种活动;馆徽设计征集基本上是一次性的行为,不能算作常规活动,故排除在外。所以该报告指出的活动应该是12种,加上对一些高校图书馆的阅读推广活动的总结,可以让要评价的阅读推广活动又加上5种:污损图书展览、书法作品选(展览)、书签设计、校园阅读(风景)摄影比赛(展览)、读书节启动仪式和闭幕仪式,共17种。

应该说高校阅读推广活动不限于此 17 种，名称也不尽相同，本书的评价方法对其他阅读推广活动形式同样适用。

二、高校阅读推广活动评价的指标

对阅读推广活动的评价，王波认为"转换研究视角，从读者的角度，用实证方法来评估和重新设计阅读推广活动的研究几乎没有"。他指出，应该从两方面来设计阅读推广活动的指标体系，一是基于图书馆的阅读推广活动评价指标；二是基于读者的阅读推广活动评价指标。杨婵觉得对阅读推广活动的评价，还没有深入对活动客体、读者的心理和读者的收获进行研究，没有对活动自身的运动规律进行研究。评价阅读推广活动的效果，最终仍要归结于读者，即读者的阅读收益和满意度。但这两个指标不易量化，仍需要扩展。阅读推广活动的主要参与者为图书馆和读者，因此阅读推广活动的效果，与读者认可度、图书馆重视程度、馆藏及其他因素（如图书馆内外合作程度、整体服务水平、阅读环境的净化与美化等）有重要关系，对四种主要因素的细分和调整。

为了降低问卷调查的复杂程度，提高问卷调查的可执行性，在问卷设计时，对于单一的阅读推广活动，按照大学生和阅读推广活动负责人进行分类，对阅读活动评价指标简化。在大学生方面，评价指标分为三方面：读者参与广度（读者参与数量、读者读书兴趣是否增加、读者到馆时间是否增加）；读者参与深度（是否需要或培养了专项知识或能力、读书的数量是否增加、读书的时间是否增加、是否增加了新的知识）；图书馆方面，评价指标为图书馆针对单一活动的重视程度，即投入的时间、投入的人力、投入的财力、投入的物力、图书馆与本单位其他部门合作的数量、图书馆与外单位合作的数量，共六个指标。

三、阅读推广活动评价的内容与方法

为了进一步做好阅读推广活动，应当在更大范围内广泛搜集有关阅读推广活动的评价文献，搜集一项组织活动、一类管理活动、一个社会活动的系统性评价指标的相关文献并进行汇总，借鉴信息系统的评价方法、管理活动的评价方法、社会活动的评价方法，结合复杂系统、多层次系统的综合评价方法，提出完整的阅读推广活动的评价指标体系，并根据不同类型的读者（或人群），进行问卷调查、实地访谈、观察活动场所，调查针对相应的阅读推广活动，进行实证研究，从而再次修改阅读推广活动的指标体系，使之更加具有可行性和科学性。

基于上述研究和实证，这里提出阅读推广活动的改善策略和途径，以及基于个人需求和面向社会的一套阅读推广活动的整合方案。

从单个阅读推广活动的评价指标构建开始，进行实证研究，再层层推进，评价某单位某时间段的阅读推广活动整体效果，再上升到某区域的阅读推广活动的总体评价指标体系的构建和实证研究。阅读推广活动评价的总体框架，就是建立一个科学的、连续的、动态的、多层次的、系统的、综合的阅读推广活动评价指标体系和实证反馈体系。

目前的阅读推广活动的评价相关研究，还没有一个系统的定性和定量的描述，也没有一个对某组织的跨越时间段的整体阅读推广系列活动的评价，更没有一个覆盖某区域的阅读推广活动的综合评价。同时，读者反映的所接收到的阅读推广活动对其心智影响的前后对比，也是阅读推广活动评价中不可或缺的部分。

基于此，这里提出一个阅读推广活动评价的总体框架：针对某个阅读推广活动的评价指标体系并实证研究；提出某个单位在一个阶段举办的阅读推广活动的总体评价指标体系并实证研究；提出某个区域的某阶段举办的阅读推广活动的整体评价指标体系并实证研究。在实践上，可以立足于某单位，对该单位的阅读推广活动进行单个活动及整体的评价，再扩展到某城市、某省份或中国某行业的总体阅读推广活动，进行总体评价。

对阅读推广活动的评价并非要脱离阅读推广活动本身，或凌驾于阅读推广活动之上，而是要深入研究目前阅读推广活动存在的多种多样的表象后形成的机理，更加细致地研究构成阅读推广活动的要素，提出更多符合读者需求的阅读推广活动方式，进一步进行评价，从而把阅读推广活动推向更深、更广的层次。

第四章 高校图书馆的文化建设

第一节 图书馆环境文化建设

通过对文化、环境文化和图书馆环境文化的阐释,提出构建以人为本的图书馆环境文化的策略,以更好地促进图书馆事业的良性发展。

一、文化、环境文化及图书馆环境文化

(一)文化

"文化"较早见于战国末年儒生编辑的《易·贲卦·彖传》:"(刚柔交错),天文也。文明以止,人文也。观乎天文,以察时变;观乎人文,以化成天下。"在汉语言系统中,"文化"的本义是"以文教化",其基本含义是指对人施以文治教化,把不懂事理的人培养成为有教养的文明人的过程,它主要强调人的内在教养、德行,因此,文化一开始就蕴含着教育改造的因素。长期以来,人们在使用"文化"这一概念时,其内涵、外延差异甚大,故文化有广义与狭义之分。《辞海》上说,广义的文化是指人类社会历史实践过程中所创造的物质财富和精神财富的总和。狭义的文化是指社会意识形态。广义"文化"与狭义"文化",涉及范围大小有别,狭义文化在逻辑上从属于广义文化,与后者存在着不可分割的联系。"文化"概念广狭的确定,应由研究者的学科、课题、内容而定,本节着眼于"大文化"概念。

(二)环境文化

"环境文化"原本是环境学的一个专用概念,"凡致力于人与自然、人与人的和谐关系,致力于可持续发展的文化形态,即是环境文化。环境文化是人类的新文化运动,是人类思想观念领域的深刻变革,是对传统工业文明的反思和超越,是在更高层次上对自然法则的尊重与回归"。它的产生和变迁大体经历了三个发展阶段,即古代—朦胧状态的环境文化、近代—异化状态的环境文化和现代—反思状态的环境文化。环境文化从广义上讲,既包含物质的成果,也包含精神的成果;从狭义上讲,则只包括

精神的成果。狭义的环境文化,主要是指那些在环境保护问题上所取得的民族的、国家的,甚至是整个人类的共识,以及含有这些"共识"内容的多种文化艺术的表现形式。本节所指的"环境文化"并非环境学的"环境文化",而是一般意义上的环绕图书馆而构建的物质和精神的环境文化的总和。

(三)图书馆环境文化

关于图书馆环境文化,目前有不同的认识。笔者认为,图书馆环境文化从属于图书馆管理文化,它是指环绕图书馆而构建的物质和精神的环境文化的总和,既包含物质的文化,也包含精神的文化。其中"以人为本"是图书馆环境文化建设的最高纲领。

物质的图书馆环境文化主要是指图书馆硬件方面的内容,主要包括图书馆的建筑设计风格、图书馆设施的形态、馆内外的布置艺术、场所的绿化与美化表象等的物化形态内容。也就是说凡是看得见的、摸得着的都属于物质的图书馆环境文化的范畴。

精神的图书馆环境文化主要是指图书馆软件方面的内容,主要包括图书馆馆员的核心价值观、职业道德、工作作风、精神风貌及良好的形象等。也就是说凡是那些看不见的摸不着的隐形的都属于精神的图书馆环境文化的范畴。物质的图书馆环境文化和精神的图书馆环境文化构成了一个统一的图书馆环境文化的有机体,形成了一个"文化场",这种"文化场"是图书馆的一种情境、一种气势、一种精神,是一个图书馆的整体状貌。

二、图书馆环境文化的功能及作用

文化具有多种功能,大至治国平天下,小至修身养性等。良好的图书馆环境文化也具有多种功能,具体体现为激励功能、约束功能、导向功能、辐射功能、育人功能等。对人来说,环境作用的优势直接影响其他功能的实现,良好的、人性化的环境,既能从视觉、听觉、触觉、嗅觉等方面满足读者的生理需求,又能满足读者的心理需求,产生心理效应,能在有形和无形的方面起到较好的、巨大的作用;不良的环境容易使读者肌体失去平衡,产生烦躁、紧张、压抑情绪,影响学习、思维、记忆。在这种情况下,设备再好,功能再齐全,也无济于事。

三、物质的图书馆环境文化建设

物质的图书馆环境文化,它广泛应用文化学、建筑学、园艺学、装饰学、美学及图书馆基本理论和方法,结合图书馆的特点,创造以人为本的图书馆环境文化建设。

（一）图书馆与周围环境的人文性

选择合适的馆址是建设图书馆的良好开端。一般来说，交通便利、贴近读者，周边环境安静、开阔，应是现代图书馆选址首要考虑的条件。图书馆建筑与周围环境应当是一个有机的整体，才能把建筑美烘托出来。同时，人们观赏它，必须具有一定的空间环境和良好的欣赏高度，才能体现美的存在。图书馆的建筑美必须有良好的空间环境，并与四周环境取得和谐，在具体条件下，能作为一个整体而完整地展现出来。因为图书馆建筑美的环境因素、广场大小、视角条件、绿化陪衬等等，都是建筑美表现的重要因素。

（1）除在选址时考虑周围的自然和人文氛围以外，如果把图书馆建在公园一侧，则可借公园之景，把图书馆与公园的自然景色融为一体，大大丰富了建筑艺术，将构成城市中绚丽多彩的文化景点。人们可以在游园之余认识图书馆，也可以在阅读之时融入园林景色。

（2）通常还要考虑的就是草坪、花圃、雕塑、庭院等。人工造景虽然有一些雕琢的痕迹，但也可巧妙地使人工之美纳入天然之美。让荷塘、喷泉、假山、亭榭、树木、竹林过滤掉外界的喧闹，使空气清新，为读者提供良好的学习环境，获得情绪的调剂和精神享受。

（二）图书馆建筑的文化性

图书馆的建筑风格从古典的唐式风格到现代都市感强的摩天大楼，建筑风格随着时代、地域的不同而有很大的变化，这就造成了建筑文化的时空性和多元性。作为文化建筑的图书馆建筑，其建筑形式所表达的建筑文化更应深深地烙上地域文化和时代精神的印记。在图书馆建筑设计任务书中，我们常常要求建筑师设计的图书馆建筑是具有时代气息和反映地域特色的标志性文化建筑，其外观形象要体现丰富深厚的文化底蕴和现代建筑风格，既要简洁实用便利读者，又要突出艺术性、时代性，给读者一个享受的空间。

一座成功的馆舍建筑，它自身就是一个很好的教育实体。它不仅是一座建筑，更具有鲜明的象征意义、极强的精神功能和深刻的表现力。它除了以其巨大的形体语言给人以视觉的美感外，还有超出形式的"言外之意"，既满足了图书馆的基本功能，又满足了人们对艺术的审美需求，充分体现了建筑艺术的魅力。综合现有国内外众多的图书馆建筑，不外乎有以下几种形式：

（1）国际性建筑文化的吸收融合。如加拿大温哥华图书馆，以意大利罗马著名的斗兽场为原型进行创作，它联系的不是本地的文脉，而是西方历史上的古典形式，反映了欧洲文化在北美的延展,带给人们的是本地文化来自何方的形象表述。

(2)地域传统文化的符号提炼。如苏州图书馆以江南民居的坡屋顶和园林式的建筑符号为元素,向人们展示的是浓浓的"儒雅风尚"的吴文化气息。

(3)现代建筑文化的抽象表述。黑龙江图书馆以主体四角拔地而起的竖向构件和顶部贯通的横向构件共同形成的立面轮廓隐喻了"文化方舟"的深层内涵。

(三)图书馆内部空间的文化性

图书馆的"物"除了实用性之外应充分体现文化意蕴,也就是说,透过这些"物"让人感受到一种科学精神、哲理沉思和人类文化关怀等精神追求的文化意蕴。要使图书馆在充分发挥其实用性价值的同时,也给读者心灵以精神性的文化陶冶和濡染,即所谓的"性灵之融合,神意之感触"。如我们把阅览室的阅览桌椅、书架统一采用冷色调的奶黄、浅灰、淡绿,就会显得高雅、宁静;在清洁明亮宽大的阅览室内把家具组合成长方形、圆形、椭圆形、品字形,就会显得方便,富于幻想和创意;书架应注重人性化、多元化设计,设置高度不宜太高,尤其是开架阅览应配置4~5层的木质书架,或者将书架侧面设计成新书展示架,这样不但体现了人文关怀,也不失为新书推荐的好方法。

图书馆雅致的意蕴还应表现为崇尚科学、追求真理的严肃性与艺术的完美性。形成一方面接受优秀传统文化的浸润,继承传统文化的价值和审美规范;另一方面接受当代多元文化的互动,呈现出丰富多彩的文化情趣。因此,要求图书馆的"物"既给人以恬静幽雅的美的熏陶,又体现出严谨、科学的主题。

现代图书馆室内环境的审美特征,主要取决于其环境气氛、造型风格和象征含义,室内装饰是突出这三种主要审美特征的有效方法。图书馆室内植物装饰在手法上,应充分利用平面、主体和空间构成、透视、错觉、光影、反射和色彩变化与原理及物质手段,使大空间变小、小空间变大,按设计构思要求,将空间重新划分和组合,使之增加视觉上的扩展延伸,创造出预期的格调和环境气氛。例如,大厅中庭植物装饰设计,图书馆大厅中庭是读者观赏品评图书馆建筑与文化、休憩、驻足交谈等较为宽阔的共享空间,应满足审美艺术与使用功能的和谐,要与图书馆的文化格调相一致。大厅内的植物装饰,可以形成典雅古朴、轻松活泼等特点,用于装饰的花草、盆栽轮廓要自然,形态要多变,高低、疏密、曲直各有不同。植物不仅柔化建筑实体的生硬感和单调感,还增加了一种平易近人的气氛,无形中平添了空间的表现力,大厅中庭可供选择的植物有万年青、一叶兰、吊兰、龙血树、秋海棠、紫罗兰等。在楼道摆放各种盆景,使大楼层层有绿意、室室有鲜花,形成一个立体绿色世界。通过植物尤其是活体植物在图书馆内部的巧妙配置,与室内各种要素达成和谐统一,进而产生美学效应,给馆员和读者以美的享受。

图书馆建筑还应用多种艺术装饰,显示图书馆的功用。上海图书馆目录大厅墙上装饰着两个浮雕石块,刻着不同历史时期的中国文字,象征着五千年的中国文明。埃及亚历山大图书馆在其圆弧形外墙上刻有字母或象形字,字形来自全球500多种语言,作为一万年来人类文化的代表。美国纽约皇后区图书馆法拉盛分馆门前的台阶,则是一件精致的艺术品,台阶上用不同的文字刻着各个民族具有代表性的文学作品题名,以此象征人们对知识的追求。

四、精神的图书馆环境文化建设

作为意识形态范畴的精神的图书馆环境文化,在图书馆环境文化建设中发挥着能动的作用。图书馆工作人员是图书馆环境文化的一个重要因素,图书馆的环境美要靠图书馆工作人员按照美的规律去创造,因此,必须加强对图书馆工作人员的素质教育,提倡服务美、心灵美、行为美、语言美,以自身的热忱态度、优质服务,艺术地向读者传递友善、和睦的良好愿望和随时乐于服务的信息,引导读者对美的追求,从而既有助于创造美的人文环境,又可为读者提供美的心理环境。这样,图书馆的环境美就不难实现。

(一)树立图书馆馆员工的核心价值观

图书馆价值观是指图书馆及全体员工所共同拥有的指导图书馆工作的群体意识,是人们对客观事物价值的判断,是对客观事物的是非、优劣、主次、正误及可行不可行等的价值认识。它从意识形态深层对图书馆发展产生影响,对增强图书馆的凝聚力和竞争力至关重要,是图书馆生存和发展的指南。因此,建立一个良好的、能够让员工都认同的价值观,对图书馆的环境文化建设非常重要。图书馆要根据它的性质、类型、社会职能、历史特点、服务宗旨、奋斗目标等确立科学、正确、与时俱进的价值观。不同图书馆的价值观可能不尽相同,但一切为了读者、服务奉献、资源共享、以人为本等理念应成为现代图书馆的核心价值观的内容。图书馆作为信息服务机构,其基本职责是为读者提供满意的信息产品和服务,经营管理好图书馆,使图书馆资源得到最佳配置和组合,深化服务内容,使其产出效益最大化。因此,为读者服务是图书馆价值观的核心。

(二)努力塑造一支具有高尚道德的图书馆馆员队伍

要加强图书馆馆员的职业道德建设,首先要在干部和员工中加强道德教育,强化道德意识，使大家深刻认识到道德在图书馆现代化建设中的重要地位和作用。其次要在干部和员工中普及法律知识的同时，普及伦理学知识，这样才能把图书馆道德教育建设在科学理论之上，才能为图书馆道德建设打下坚实的思想基础。道德是靠社会舆论、人们的观念、习惯、传统及教育的力量来维系的，道德建设是群众的"自我改造"和"自觉锻炼"。因此，图书馆在进行道德教育中，尤其要注意发动群众，通过广泛的研讨、辩论、演讲、评比和总结经验教训，对照正反典型，使群众真正认识到道德规范在实践中的作用，使道德成为约束自我的准则和行动指南，这样就会产生巨大的道德效应，起到行政手段和法律手段所起不到的作用。

图书馆馆员端庄稳重的姿势、文雅谦逊的语言、优美脱俗的气质风度、高尚的职业道德、无私奉献的工作作风、诲人不倦的治学态度、自律不懈的人生准则等，也是环境建设的主要内容。因此，图书馆必须重视良好的人文环境建设，以舒适的环境来欢迎读者，以自己的模范行为感染、服务读者是体现对人类知识殿堂的尊重。

（三）塑造良好的图书馆形象

图书馆形象是广大读者和图书馆馆员对图书馆的总体印象和整体评价。图书馆形象是图书馆环境文化的外显，其本质是图书馆信誉。图书馆信誉是由信息产品信誉、服务信誉和经营信誉构成的。图书馆形象对外体现着图书馆的地位和声誉，对内具有激励馆员的作用。图书馆的地位、声誉、知名度高，馆员也感到自信和骄傲，从而更加爱护图书馆的形象，增强馆员的向心力和凝聚力。因此，要努力塑造良好的图书馆形象。图书馆形象的塑造要求全体图书馆工作人员在图书馆工作的各个方面同心协力、努力奋斗、不断进取。图书馆在形象塑造过程中，首先，以图书馆价值观、职业道德、精神为指导。其次，做好服务。做好服务是树立良好的图书馆形象的基础和关键。只有为读者提供优质、便捷、高效、人性化的服务，才能提高图书馆的知名度、信誉度，赢得读者的认同。

不论是构建物质的还是精神的图书馆环境文化，都应把安全、健康放在首位。图书馆要尽可能采用自然光源、自然通风、自然调温，建筑设备材料环保节能、防辐射，定期消毒、灭菌等，为读者提供一个安全、健康、绿色的读书环境，同时，工作人员要通过读者第一、服务至上的职业道德，精深的专业技能和广博的科学知识，给读者营造一个健康优美、氛围浓厚的阅读环境。只有这样才能使图书馆环境文化建设沿着一个积极的、良性的方向发展，才能使它的功能和作用得到更加充分的发挥。

第二节　图书馆节能绿色设计

当今时代，随着教育的普及，大众的文化水平显著提高，无论是校内还是校外，图书馆的建设都逐渐被重视起来，呈现出一派欣欣向荣的景象。而图书馆的建设规模往往是一所学校、一个区域乃至一个国家的科技与文化水平的体现，甚至可以成为一个区域的标志性建筑。但传统模式下的图书馆建筑在设计时都偏于开架展览，忽略了阅读人群的舒适体验，对建筑的节能方面也关注甚少。随着当今社会对图书馆的需求逐渐多样化，绿色节能的设计理念被提上日程，且隐隐有更新未来发展的趋势。因此，本节就图书馆绿色节能设计进行一系列的研究分析，争取在图书馆的建设过程中合理利用资源，提高建筑的生命力。

数字时代的悄然来临，在潜移默化地改变着大众的阅读方式，图书馆在进行图书收藏与借阅的同时，也增加了教育、社交、休闲等功能，从长远来看，图书馆的功能在未来还会继续提升优化。就目前来看，图书馆建筑面临的问题较为繁杂，因此笔者在下文中以绿色节能作为研究目标，力求达到在建设过程中合理分配空间、节约资源、减少污染，创造既舒适节能又健康环保的当代新型图书馆。

一、节能与绿色建筑的关系

通俗意义上，节能是指在生产同样数量、质量的产品过程中尽可能地采用减少能源消耗量，同时又合理可行、环境与社会都认同的实现方式，以达到提高用能设备效率及原料的利用率的目的；在建筑层面也是如此。但绿色建筑与节能建筑又有不同，总的来说，节能建筑只需要达到节能设计标准即可，要求比较单一。而绿色建筑则需要对安全耐久、健康舒适、生活便利、资源节约、环境宜居等五大方面进行改进，而节能只是节约资源里的一部分，换句话说，绿色建筑一定是节能建筑，但节能建筑却不一定是绿色建筑。绿色建筑的建造使用过程的特点是安全耐久，耗源少、耗能低，对环境的影响也比较小，让使用者觉得健康舒适，感受到明显的便利。但笔者经调查发现，大众对绿色建筑有着明显的认知误区，即认为绿色建筑便是扩大用地内的景观绿化面积，这是不正确的。绿色建筑是通过采用合适的材料工艺及设计手法，进行建筑的物理环境微调，从而达到节能减排、能源再利用、节约资源等目的。而相对其他行业，建筑节能是比较容易实现的。例如，燃煤发电节能、电动汽车等，它们之中发电节能提高整体的二十分之一，汽车节能提高十分之一都是极难达到的标准。而目前国家规定公共建筑节能标准仅和2005年规定相比就要达到节能20%以上；且绿色建筑在其寿命周期内，还能够最大限度地做到减少排放、资源循环再利用、为大众提供健康舒适和高效的使用空间，实现了与自然共生，减少了自然资源消耗。

二、国内外绿色建筑发展现状

随着网络信息技术的发展，阅览形式也发生了翻天覆地的变化，国外较早对建筑节能产生重视，但直至在21世纪初，绿色图书馆的研究才逐渐发展起来，研究过程中实践探索与理论研究两个方面相辅相成，对绿色图书馆的发展起到了重要作用，且随着科技的进步，成功的例子也逐年递增，国外对绿色图书馆的研究探索也在不断更新。我国对绿色建筑的发展，则是在20世纪末环境能源问题大量凸现后，意识到绿色建筑的重要性，并开始重视绿色建筑与绿色图书馆的建设，传统模式的图书馆已经难以满足当今社会在节能、环保等多方面因素的要求。虽然我国关于绿色图书馆的成功案例较少，绿色更新的理论尚不健全，重视绿色图书馆的时间也较为短暂，但也形成了一些对绿色图书馆的基本认识，且随着绿色图书馆建设规模的扩大，越来越多的人都意识到了绿色更新的重要性。最近几年我国更是鼓励有关绿色更新的项目实施，成功经验将在一次又一次的实践中得到积累，不断发展的图书馆建筑与绿色更新的理论也终将进入飞速发展时期。

三、我国绿色建筑评价体系

我国在2019年颁布施行的《绿色建筑评价标准》（GB/T50378—2019）是我国现行的标准，从安全耐久、健康舒适、生活便利、资源节约、环境宜居五大方面对建筑设计进行评估，评估结果分为四个等级：基础级、一星级、二星级、三星级，其中三星级为最佳。

四、图书馆建设中的节能绿色建筑实践

图书馆建设中的节能措施分为主动与被动两种模式，被动方面包括建筑空间布局与自然光的运用、风力的运用、建筑的温度调节及太阳能利用四个方面。图书馆的节能设计遵循被动节能措施优先的原则，设计方面布局应有利于自然通风和冬季日照，充分利用太阳能，从而降低建筑物的用能需求。具体措施为：建筑的主要朝向选择本地区最佳朝向或避开冬季的主风向的合适朝向；内部采用有利于穿堂风的布局，外窗采用合适的大小和开启面积，可以达到良好的通风调温节能的效果；同时合理的外窗设计还能充分利用自然光照明。以夏季为例，早晚气温较低时利用自然通风；

中午气温较高时采用冷气调节,同时利用空气循环达到节能的目的,不仅如此,新鲜空气的引入优化了室内的空气质量,还带来了大自然的气息。能耗方面可以根据建筑物的体形系数,判断建筑物能耗的大小;体形系数越大,建筑物耗能越大;在同体积时分散布局要比集中布局的体形系数大;所以规划时应选择合适的总平面布置。建筑平面设计时,也应减少建筑外墙面积,并合理地控制层高;建筑层高确定时,对于一定的建筑面积,都有与之相适宜的最佳节能楼层数。建筑平面设计时还应尽量减少变化,采用规则的平面形式,这对节约能耗具有重要的意义。图书馆建筑在采光时也要自然光与人工照明相结合,充分利用太阳能。太阳能也是大众熟知的一种系统,以太阳能光伏发电为例,用太阳能光板将太阳能转化为电能,在建筑领域得到了广泛的运用,太阳能的使用降低了普通电能的消耗,也间接地降低了二氧化碳的排放量。那还有哪些是主动式的节能应用呢?比如维护结构的保温隔热,合理的保温隔热措施能够减少夏季冷气和冬天采暖的能耗。人工照明的设计也是主动节能的一种手段。和自然采光相比,人工照明则是图书馆的主要照明手段。例如在一些过于高大的书架周围,人工照明要相对多一些,因此在设计中要着重照明系统的节能设计,在光源选择和照明方式上以节能为主。

在绿色建筑设计方面,除了节能还要从建筑、结构、给排水、暖通及电气五个方面进行考虑。绿色建筑设计应从节约资源和环境保护的要求出发,在保证安全、耐久的前提下,优先选用资源消耗少和环境影响小的建筑材料为可再生循环材料,这样可以减少建筑的投资,减轻人类过度开采自然资源引发的生态问题。结构方面也可以通过采用适当的结构体系达到绿色节能的效果,主要包括钢结构、木结构、预支制装配式结构;给排水方面则针对热水系统、中水利用、给水压力、水泵及水表选型布置等方面进行绿建设计,场地内绿地采用透水铺装,缓解内积水,减轻市政排水管压力;建筑通风是影响室内温度和空气质量的关键,在绿色建筑中,对自然风的合理利用应当是建筑通风的首选,采用自然通风方式既保持了室内污浊空气与室外新鲜空气的高效交换,同时也减少了暖通设备的使用,有效节约了能源,是一种高效环保的通风措施。利用自然风在建筑设计时,应在空调系统的选择方面格外慎重,由于图书馆属于大空间建筑,因此中央空调或多联机组是较为不错的选择,使用寿命长且易于控制;电气方面则以照明设备与电气设备的改进为主。

总的来说,无论是新的建筑理念,还是新的阅读模式,都是时代在发展中必然要经历的程序,也代表着一个时代的进步,本节就图书馆绿色节能设计进行了一系列的研究,对节能与绿色建筑的关系、国内外绿色建筑发展现状、我国绿色建筑评价体系及图书馆建设中的绿色建筑实践等方面也进行了相关分析,希望可以为绿色图书馆的建设实施带来可行性的参考建议。

第三节　图书馆文化管理

21世纪是文化管理的世纪,是文化制胜的世纪,每一个追求卓越的管理家,都必须学习文化管理,亲近文化管理,把握文化管理,实践文化管理。本节对图书馆文化管理的研究和讨论,特对如何实现图书馆的创新文化管理进行研究。

一、影响图书馆文化管理落后的因素

(一)馆藏资源落后的原因

图书馆作为一种社会文化现象,随着社会政治、经济、文化和科学技术的发展,其形态也处在不断的发展变化之中。图书馆是社会的细胞,社会的发展、时代的进步,是有限的资源发挥最大的效益,是一种高尚的举措。图书馆应设立专门部门,不断了解读者的需求,保证智力用书和德育用书的合理配置,还应有针对性地编制主题书目、索引、文摘。由于长期守旧意识的影响和服务手段的落后,图书馆界重藏轻用的思想一直占主导地位,导致传递信息的功能与信息社会的要求相去甚远,图书馆界对未来图书馆发展模式与功能的探讨日趋激烈,也日益深入。

(二)人力资源配置的原因

图书馆非专业人员、知识结构差的人在工作人员中占相当大的比例,层次水平不一,造成图书馆工作人员队伍素质下降、服务质量低。由于经费紧张,图书馆无力考虑对在职人员的业务培训、进修、再教育等问题。以至于我国图书馆馆员队伍构成现状堪忧,且不说各馆都或多或少存在一些不具备规定学历的人员,即使具有大专以上文化程度的馆员队伍中,具备某一学科知识背景,又精通图书情报专业知识的人员少之又少。随着信息技术在图书馆界的广泛利用和发展,图书馆馆员在提高自身素质的同时,也要接受读者的监督,采取问卷调查的方式,广泛听取读者的意见,不断查找问题与不足,及时加以改正,提高工作人员的工作效率以及为读者服务的能力和水平,把服务落到实处。

(三)管理机制的原因

许多图书馆仍沿用传统的约束机制,缺乏激励机制,致使图书馆工作人员的危机

感小，工作积极性难以发挥。由于图书馆工作人员的工资待遇与政策息息相关，个人利益与经营效益不挂钩，缺乏竞争意识和服务意识，干好干坏一个样，职、权、责、利得不到统一，难以提高人员的积极性，很难应对当前图书馆的管理模式。

二、文化管理的必要性

（一）服务需要延伸和提高

在21世纪信息化时代，网络环境为图书馆的服务提供了得天独厚的良好机会，我们图书馆人也要不断学习，革新技术，主动提供信息服务产品，不断创新，与时俱进。①加强与企业的联系，及时引进和传播关于企业经济管理、产品开发、设备改造、市场政策法规等方面的文献资料和情报信息，为企业科学决策服务；②加强与街道社区的联系，近年来，由于我国城市经济结构的调整和社会市政布局的现代化，综合街道社区和信息用户群体不断壮大，他们需要图书馆提供各类信息，诸如公共政策信息、实用性信息等，解决这个大群体的信息需求问题，会对保持社会稳定和精神文明建设起到至关重要的作用；③搞好农业文献信息服务，对一个农业大国有着非常重要的意义，这是由我国的国情所决定的。

（二）图书馆需要文化的渗透和引导

图书馆是社会发展的产物。社会需求是它生存、发展的首要条件。社会发展到一个新的历史时期，必将对图书馆提出新的要求和挑战，从而也为图书馆提供新的发展动力和机遇，使图书馆同时进入一个新的历史时期和发展阶段。面对困难，只要我们齐心协力、奋力拼搏、勇于创新，一定会在图书馆事业建设和发展的道路上不断实现新的突破。当然，图书馆事业的改革与发展同样需要文化的引导和支持。

从图书馆的发展来看，同样需要文化的开发力。图书馆管理者运用文化的开发力，就用在图书馆管理与服务实践中，提炼出优化图书馆管理的根本指导思想开发战略、服务开发战略，都是依靠图书馆的根本指导思想和原则，运用智慧和胆略而形成的，图书馆发展战略的实施过程，实质上是一种高智慧高信息的文化力显现过程。

从图书馆融入社会、参与市场竞争来看，更需要文化的塑形和包装。图书馆是集文化、思想、信息、文明于一体的大熔炉，在社会中起着举足轻重的作用，推动社会主义精神文明建设，为广大读者提供精神食粮，促进社会文明与和谐。图书馆是文化的传播站、信息的前哨所，是人类精神衣钵的家园，是民众终身教育的首选地。

三、实施文化管理的基本要素

（一）需要有一名具备优秀素质的馆长

作为图书馆的管理者，馆长作为领头羊所起的作用可想而知。随着社会的发展，如果图书馆还采取以往陈旧的管理模式，是不能满足图书馆馆员高层次需求，图书馆馆员希望在不断提高生活质量的同时，要求工作本身能给自己提供精神慰藉，需要在工作中找到意义，实现人生价值。所以图书馆领导要具备相当程度的思想水平、理论水平、专业知识、个人修养、服务理念。图书馆馆长、各部室主任是图书馆队伍的中流砥柱，是推动图书馆发展的核心力量。要求管理者具有高尚的品质和情操，业务精通、善于管理的敬业精神，榜样示范、关心下属、集思广益、广开言路的宽大胸怀。同时树立开发创新的模范带头人，激励馆员在专业学习、立志创新方面有所建树。管理者就是通过这些榜样的力量来影响和带动全体工作人员完成各项工作，达到创新建设和更好发展的目的。

（二）需要有奉献精神的馆员

服务是图书馆的生存之本，是图书馆一切工作的出发点和落脚点。优秀的馆员是当代图书馆重要的资源和财富，要维护图书馆馆员的职业价值和尊严，要有良好的职业道德修养，切实增强日常工作的自觉性、责任感和紧迫感。热爱图书馆、热爱自己的职业，树立"馆荣我荣，馆辱我辱"的责任意识，能够为推进图书馆建设提供重要的保障。因此，图书馆要加强新技术的应用，不断开发新的延伸服务；同时要加强对馆员的培训，强化再教育机制，提高馆员素质增强服务能力。列宁曾说过："图书馆馆员是图书馆事业的灵魂。"一个专业图书馆的知识服务能力和服务水平的高低取决于馆员的素质。图书馆馆员需具备过硬的专业素养、良好的职业道德和服务理念。通过业余自修、报告会、学术会议交流的机会提高业务能力和学习本专业的最新学科动态。图书馆馆员作为推动图书馆事业发展的主体，更应该提高自己信息服务的职业道德、服务水平和服务技能。这样一来，图书馆馆员的形象才会随之得到自身的肯定和社会的认可，才能把本职工作作为一种事业去追求，而不仅仅是一种生存工具。

（三）需要有文化管理技术基础的设施

随着科学经济的发展，图书馆要想在多变的社会中站稳，先进的设备是图书馆发展的技术保障。知识经济时代的到来，需要不断投入资金，加速文献资源建设，丰富纸质和电子图书资源，缓解读者规模扩大与文献资源需求的矛盾。加强数字资源建设，购买中外文数据库、电子图书，自建学科专题数据库等。加强网络建设，硬件设施建设。门禁系统、服务指挥系统、图文信息制作发布系统等可以保证图书馆各项管理和服务工作在更加有效地开展的同时，让我们的馆员由守书人的形象转变成知识的导航员，这就要求馆员不断加强学习，不断接受新理念。图书馆将以崭新的姿态迎接广大读者，以优质的服务方式来满足广大读者的需求。

总之，人们已经认识到图书馆文化有内聚人心、外塑形象的重要作用。因此，图书馆文化管理是组织真正实现"追求个人与组织、社会共同发展"，进而推进图书馆全面发展。

第四节 建筑庭空间环境构成与氛围营造

图书馆作为社会主义文化建设的重要组成部分，在新形势下应该在保持其自身优势的前提下不断突破。图书馆建筑庭空间环境设计是图书馆的关键环节，营造良好的图书馆氛围环境有重要的现实意义，因此研究图书馆建筑庭空间环境构成与氛围营造是工作的中心内容。本节将从庭空间的基本内涵出发，提出图书馆建筑庭空间环境的意义和营造氛围的措施，为图书馆建设和发展提供参考。

中国大力推动社会主义文化建设，图书馆作为其中的重要组成部分数量越来越多，无论是高校还是图书馆，随着经济的发展，人们的精神文化需求不断提高，在阅读时开始重视图书馆的庭空间环境和氛围。图书馆庭空间对图书馆的各环节组织、实现功能和发展等都有重要作用，现代图书馆在庭空间环境设计方面受技术的推动呈现多样化趋势，其中庭空间环境设计和环境营造的方式对其他建筑设计有着重要的参考作用。

一、图书馆庭空间的基本内涵

贯通建筑全部高度的空间被称作庭空间，具有交通、整体展现和休闲娱乐等多种功能。图书馆庭空间占据建筑核心地位，是图书馆各项通道的枢纽，并且与图书馆整体设计相呼应，也为图书馆建筑内部通风、光照等提供了空间，图书馆庭空间环境的好坏影响着阅读群众的精神感受，所以研究如何营造庭空间氛围有其必要性。

二、现代图书馆注重庭空间环境的意义

（一）保证图书馆空间安排的整体性，促进庭空间更多样化

图书馆建筑庭空间可以在室内也可以在室外，通过庭空间与其他建筑设施的关

联,保证图书馆建筑的整体性。阅读群众可以通过走廊、观光梯等设施从一个空间进入另一个空间。同时这些设施又是相对独立的,从而推动阅读空间、书刊室、自由活动空间等的多样化。

(二)合理设计庭空间环境,保证图书馆建筑的交通顺畅

现代图书馆的功能越来越多,各项功能空间之间要通过庭空间连接。注重庭空间的设计,可以保证各项通道的合理设置,人们在通往其他空间时交通便利,在突发状况时便于疏散。

(三)对图书馆户外活动和组织管理起到推动作用

通过保证交通顺畅,实现图书馆庭空间的各项户外活动。图书馆举办阅读活动的时候,庭空间可以为宣传活动提供空间,也可以在不同的方位设置不同的项目,促进活动的多样性。除了实现户外活动,庭空间也有利于图书馆组织管理工作。图书馆庭空间保证区域的整体性和关联性,便于集中管理秩序,在突发情况时也可以组织疏散,保证交通。

(四)使阅读群体身心愉快,体现人文关怀

一方面,庭空间的设计为图书馆营造了文化氛围。通过艺术展示提高图书馆整体文化气息,阅读群体可以通过在庭空间的设施提高自身的文化底蕴。另一方面,注重图书馆庭空间环境的设计,可以增进与阅读群体的联系,让阅读群体身体愉快,通过舒适开阔的环境,促进学习和工作,也有利于提高阅读群体的阅读效率和学习效率。

三、关于营造图书馆庭空间氛围的措施分析

现代图书馆庭空间环境的设计和建造为营造空间氛围奠定了良好的基础,为图书馆各项设备科学合理奠定了基础。营造庭空间氛围的措施有以下几个方面:

(一)注意在整体上体现文化理念和情感寄托

虽然图书馆是现代化建筑,但是图书馆属于文化设施,不能忽视文化。图书馆的环境应该将轻松与庄重相结合,庭空间结构设计常用的回廊形式可以使空间连为一体。楼梯、阅读室桌椅等设置以阅读群体需求为主,注意人文关怀,从而保证整体环境舒适自然。同时,图书馆庭空间与其他空间交相呼应,促进空间最大化利用,读者感到轻松亲切、身心愉悦。

（二）保证日照和空气流动，合理设置光化设备

图书馆环境要明亮宽阔，这就需要注意采光和光照两个方面。一方面，图书馆庭空间设计时要充分考虑当地自然生态环境，注意日照方向和时间，保证阅读室自然光照的时间，这里可以采用透明玻璃结构。需要强调一点，书籍储存立柜要注意防潮和防火。另一方面，在人工光化设备上，灯光的颜色和亮度都要适合阅读学习，不能太亮也不能太暗，要注意光的颜色对人情绪的影响。可以采用背景屏幕播放自然风景或者经典好词好句，这样不仅可以美化环境，也有利于读者的学习。

（三）根据阅读群体的需求和人的感觉安排建筑颜色构成

图书馆庭空间营造氛围要注意颜色的选取。不同的颜色有不同的含义，也使人有不同的感觉。图书馆的颜色要庄重大气，也要有文化底蕴。一方面，在颜色选取上，综合考虑图书馆的类型和功能，从而营造不同的氛围。如国家图书馆要体现政治和文化的统一，建筑颜色以暖色为主又要严肃，座椅颜色中规中矩，储书柜摆放的时候根据不同类别将政治、哲学、经济、文化方面摆在阅读群体容易看见的地方。学校图书馆要体现教育意义，选择的颜色既要使学生舒适又不能太强烈，设施可以选择名人雕像等，促进学生学习，阅读桌椅的颜色要朴素，储书区域的颜色要阳光向上。另一方面，选取颜色还要依据读者群体的特性和人的感觉。图书馆的阅读群体相对固定，在这个时候图书馆管理人员要注意调查分析，如学校图书馆，学生年轻，应该选取朴素又不失活力的颜色，如淡蓝色、象牙白等。

（四）通过设置建筑景观和自然景观营造舒适的阅读学习氛围

图书馆庭空间环境氛围除了理念、颜色和建设方面外，还要注意景观的设置。一方面，建筑景观可以增加图书馆的艺术气息和文化气息。建筑景观可以是艺术雕像、人物雕像等，也可以是人工喷泉、人造自然景观等，还能运用多媒体屏幕。这些建筑景观设置位置要科学合理，如在文化书刊区域摆放艺术雕像或人物雕塑，而在阅读区域要增加环境的美观度，可以用人造自然景观，每一排的隔离区域也要注意美化。在休息区域或者大厅，可以设置人造喷泉等景观，在人们进入的时候有一个整体的氛围感受。另一方面，自然景观可以提高舒适氛围，如在回廊和阅览室门口，可以设置自然盆栽。

总之，研究现代图书馆建筑庭空间环境构成和氛围营造有重要意义，各地区政府在规划图书馆和管理过程中，要加强这方面的研究。除了上文中提到的四点措施外，图书馆庭空间营造氛围还要注意体现区域特色，在建筑设计时结合当地的文化。另

外还要不断探索,借鉴国内外先进经验和理论不断提高庭空间建设理念的先进和技术水平,从而推动社会主义文化建设进程。

第五章 高校图书馆文化育人

第一节 文化育人功能

图书馆属于社会机构的一种,以储存和收藏文献资料为媒介,以信息传递和传播为手段,具有服务性、教育性、学术性和社会性的多种职能与基本性质。其中高校图书馆具有显著的文化育人功能,可借此构建和谐健康的校园文化,提升大学生的文化素质。基于此,笔者主要对高校图书馆的文化育人功能进行深入研究和分析,并制定一系列有效的对策。

高校图书馆作为文化传承、服务社会、科学研究和培养人才的重要机构,既是承载人类文明的主要依托,还是繁荣校园文化的实际体现,更是可以彰显出一所高校的文化品牌。高校图书馆需要充分发挥自身的文化育人功能,明确引导师生追求价值与引领校园文明风尚的科学定位,增强文化传播、活动组织与统筹协调,不断提升高校图书馆的文化影响力度。

一、高校图书馆的文化育人功能分析

首先,引领大学生潜心探索真知。高校图书馆最基本、最传统的功能是承载人类文明和知识,无论是纸质藏书还是电子文献,都蕴含着丰富的科学文化知识,能够在潜移默化中引领学生在广阔无垠的知识海洋中勇于探索真理和不断获取真知。其次,帮助大学生树立端正的学习风气。高校图书馆是人类发展的文化知识和文明成果的聚集地,大学生在阅读书籍时往往会被这些成果和文明创造者的精神所感染,像担当、创新、胆略、求索、警醒、智慧等,对他们的学习态度产生积极影响。最后,启迪大学生开阔文化视野。高校图书馆中既藏有森罗万象的各种书籍和庞大的电子文献,还有其他形式的馆藏物品具有文化育人功能,像收集的各种文物、史料和古典书籍等,具有类似博物馆的性质,借此拓展他们的文化视野。

二、学校图书馆文化育人功能的体现方面

（一）引导作用

图书馆中丰富的资源对人的素质起着潜移默化的影响，这种影响很深刻并可伴随人的一生，甚至影响人以后的人生选择。图书馆中丰富的图书资源，可以提升读者的思想道德修养，图书馆中优美的环境、完好的规章制度、良好的管理、工作人员的服务态度都对读者的思想道德行为有着引导和约束的作用，这种引导和约束作为内在的心理力量，对读者的价值观念、自我管理有着积极调节的作用。比如，读者看到摆放整齐的书架，书籍都有序排列，感受到安静的读书氛围、整洁的环境等，会自觉或不自觉地在社会公德方面受到教育，影响读者的行为，让读者养成在图书馆轻声动作、爱护环境、拿取书籍时整齐摆放的习惯等。

（二）帮助读者形成正确的世界观

图书馆不仅是传播文化知识的场所，还是对读者进行思想教育的重要领域。图书馆的图书质量直接影响着读者对文化知识的学习、对思想道德观念的取向以及社会价值取向的选择。图书馆还可以培养人的高尚情操，它不仅仅是知识的宝库，还能帮助读者形成正确的人生观、价值观，以及培养读者良好的道德观念。图书馆可以利用自身的有利条件，开展一些有益的主题活动，对读者进行爱国以及传统美德的教育活动，通过多层次、全方位的传播文化知识，帮助读者养成良好的美德。

（三）帮助读者拓宽知识面

图书馆中丰富的图书资源可以为读者提供物质资源，帮助读者自主学习。在阅读中，读者的认知得到升华，知识面得到拓展，思想得到升华。

图书馆中的藏书是从古到今很多有智慧的人的思想结晶，是历史文化不断积累的成果，是人们汲取知识的宝库，读者可以通过图书馆找到自己想要的资源，自由学习想学的东西。

（四）提升读者学习的热情

图书馆有丰富的馆藏资源，里面蕴含着人们几千年来智慧的结晶，有人类试图征服自然以及改造自然的知识，有人类对自我的认识，有人类对自我的突破，接触这些经典的书籍有助于读者思考一些有深度的重大问题，调整读者的思想结构和知识结构，帮助读者实践自己最高价值的人生理想，并且可以激发读者学习的精神以及积极奋发的热情。

三、学校图书馆存在的问题

（一）图书馆的采集工作没有经过严格筛选

图书馆作为传播途径特别广泛的读书渠道，所选取的书籍必须经过筛选。但是在当前的市场经济时代，市面上流通着一些庸俗的、不健康的甚至是观点有错误的书籍，图书馆采集图书的时候往往没有经过仔细考察，看到这些书畅销就采集到图书馆，没有经过考察就引入一些书籍，这对读者反而是有害的。

（二）图书馆的环境嘈杂，书籍摆放不整齐

图书馆安静的读书氛围是非常重要的，好的读书氛围使人沉浸在知识的海洋中，提高读书效率。而书籍摆放整齐可以方便读者找书，并且一个体系有哪些书籍可以很容易地找出来，节省读者的时间。但是有的学校图书馆人声嘈杂，书籍不按序摆放，这些都会对读者的读书质量产生一定的影响。

（三）图书馆管理人员的服务质量不高

图书馆管理人员素质的高低、服务质量的好坏直接影响着图书馆的形象和图书馆育人效果的发挥。如果图书馆管理人员对读者的服务态度不好，会直接打击读者的读书兴趣，不利于图书馆的管理和发挥图书馆应有的文化育人效果。

（四）图书馆管理模式老旧

任何管理方式都应该紧跟时代的潮流，图书馆也不例外。随着素质教育的不断普及，图书馆不仅仅是借书还书的场所，今日的图书馆硬件已经大幅度地升级，相应地，图书馆的管理模式也应该做出改变。但今日的很多图书馆的管理模式都没有做出改变。

综上所述，学校图书馆在管理方面还存在诸多不足，以下内容将针对这些缺点提出应对方案。

四、高校图书馆文化育人功能的对策

（一）加强硬件条件建设，夯实文化育人基础

图书馆硬件条件主要包括实实在在的建筑物、图书、报纸、期刊、计算机网络设备和学习办公设备等。硬件条件关系着高校图书馆为学生提供资料信息和阅读资源的质量，现代化电子图书馆则离不开网络设备的支持和辅助，均属于硬件条件的主要发力点，需要做好科学建设、合理规划，突出典型的先进性、安全性和拓展性特点。同时，

由于图书馆肩负着高校信息集散的重任,在新的社会发展与时代背景下,读者对阅读方式提出新的要求,包括传统的纸质资料与现代的电子文档。而且图书馆还是高校的一个重要文化聚集地,需要全校师生共同营造,与社会和时代息息相关。所以,高校图书馆在实施文化育人功能时,应该注重研究师生对文化信息的根本需要和时代发展特点,并结合校园特色、人文气息和大学文化等开展硬件条件建设活动,补充电子和纸质两种类型的资料,以及具有当地特色的文物和特色资料等,充分体现当代大学校园文化的特色,真正做好文化导向工作。

(二)着重建设软件条件,改善文化育人质量

图书馆软件条件主要包括软件系统平台与图书管理人员。文化建设和文化育人是高校图书馆的主要功能,尤其是馆内工作人员的整体形象是图书馆软件质量的真实体现。高校图书馆需要坚持"读者第一、服务至上"的原则,贯彻落实"以生为本"的理念。高校校园文化的主体是学生,图书馆中的读者也以学生为主,馆内整体工作人员的服务水平、精神风貌与言行举止等可以对文化氛围和读者的阅读情绪产生直接影响。对此,高校图书管理人员需要始终贯彻落实"以生为本"的工作原则,学会换位思考,基于学生视角,不断提高个人的业务水平和服务能力。而软件系统较为庞大,涉及阅读工具、存储平台、检索功能、下载功能和系统管理、维护等。此外,图书管理人员需要具备较高的电脑操作技能、软件应用技术、良好的交流和表达能力、高尚的职业道德素质等。为实现文化育人功能,高校图书馆需培养一批精通管理、业务熟练、爱岗敬业的优秀团队,改善文化育人质量。

(三)鼓励读者相互沟通,强化文化育人功能

沟通交流是大学生增进同学情感、友谊,以及认识、了解和融入校园生活、社会群体的主要方式。高校图书馆的主要读者来自本校学生,要想充分发挥文化育人功能,需要为读者提供一个轻松愉悦、和睦相处的读书氛围。但是在高校图书馆的日常运行中,有的工作人员职业素质不高、业务不熟练,对从事的工作缺乏热情和动力,不够关心读者,这严重影响了图书馆的育人功能。要想有效避免冲突矛盾的出现,不仅要增强图书管理人员与大学生的素质教育,还需经常与读者沟通,并鼓励读者相互沟通和交流,分享各自的阅读经验和发现的好书,帮助他们解决阅读中遇到的问题,营造和谐融洽的读书氛围。所以,高校图书馆应该体现出机构的人文关怀,包括部门设立、功能划分和环境建设等,使读者在获取知识的过程中充分感受到家的温暖与和睦,且受到和谐文化的影响与熏陶。设立读者交流平台,增强学生和图书管理人员之间的互动与沟通,积极开展文体娱乐活动、学术活动与科研活动等。

（四）建立健全管理制度，强化文化育人功效

高校图书馆应结合校园文化建设与学校教学需要的实际规划，建立健全一套切实可行的管理制度，包括图书管理人员服务标准、岗位竞争制度、人才引进制度、图书馆开放制度、信息检索制度和借阅制度等。高校图书馆制定的管理制度需科学合理，真正体现"文化育人"与"以生为本"的理念，充分发挥图书管理人员的个人特长与优势，做到各司其职、各尽其才，通过彼此之间的优势互补尽可能地为读者带来便利，以此满足广大读者的实际阅读需要与普遍阅读需求。同时，高校图书馆需要不断完善自动化操作管理体系，做到与时代接轨，制定自动化图书管理和借阅制度，让读者可以通过手机或电脑自由挑选读本和查询资料，赋予他们更多的权利与自由。如此，不仅能够提升图书管理人员的工作效率，还可以简化读者的操作流程，让他们自主查阅和阅读，为其提供信息检索与文献查阅的现代化自动化管理平台，通过建立健全高校图书馆管理制度，切实强化文化育人功效。

（五）建立起"以人为本"的管理模式

素质教育的普及促使管理观念的革新，图书馆应该改变过去的"以书为本"的管理模式，转变为"以人为本"的管理模式。首先，要培养学生的图书馆意识，即让学生多走进图书馆，多使用图书馆。为此，让学生参与管理图书馆的工作是非常有必要的，学校可以每周安排一些学生参与到图书馆的管理中去，它可以帮助学生了解图书馆，利用图书馆，并且热爱图书馆。比如，可以让学生参与到图书馆的书籍借阅记录及书籍上架的管理工作，这不但是学生的实践活动，还能让学生了解图书馆的馆藏资源，以及锻炼学生利用图书馆自主学习的能力，学生从中可以体会到图书馆工作人员的辛苦，融洽与图书馆管理人员的感情，形成相互理解、尊重的场面。其次，要重视信息管理的层面。随着信息高速公路的建立，图书馆文献资源也迎来了深刻的变革。实现馆藏目录的数字化是其中非常重要的一步，所以，图书馆应该不断加强信息资源建设，以实现全馆信息化，给学生提供更方便、更周到的服务。

图书馆最重要的部分还是内涵建设，它关系图书馆的可持续发展及学校的长远发展。图书馆的内涵建设应包含规章制度的完善与创新、齐全的人员配备、藏书质量的提升，以及信息服务水平的升级、工作态度的优化等。其中，最重要的还是图书馆的精神文明建设。一个图书馆应该真正发挥其作用，它不在于是何种外观，而在于内在的精神，也就是说它必须有图书馆该有的内在的人文精神与科学精神。图书馆必须以它的气质吸引读者，让读者自然而然地产生读书的兴趣。图书馆的内涵建设可以与学校的建设联系起来，这样可以彼此促进，共同发展。在图书馆的内涵建设上，

应该突出科学与人文并重的原则,并强调多元化的发展,这样可以使图书馆的功能越来越强大,吸引更多的学生走进图书馆,发挥图书馆的文化育人作用。

文化不仅是历史的积累与沉淀,还是时代发展的趋势,高校图书馆肩负着文化育人、传播文明和知识的重任,可从加强软硬件条件建设、提升读者交流互动和建立健全管理制度等多个角度最大限度地增强文化育人功能,努力提高大学生的文化素养。读书对学生的身心全面和谐发展有着积极的促进作用,对学生综合素养的培养也扮演着重要的角色,学校图书馆作为承载传播知识的平台,要着眼于学生的全面发展,不能只传授一技之长,更要注重培养学生的人文素养,帮助学生树立正确的人生观、价值观,充分发挥良书、良刊的育人功能。

第二节 文化育人的核心价值

在数字化已渗透社会生活各个方面的当今时代,高校图书馆的改革创新更是迫在眉睫。通过对高校图书馆功能与价值的讨论分析,认定高层次的文化育人是高校图书馆的核心价值。本节对高校图书馆在改革创新的同时,如何保持文化育人核心价值做了较深入具体的探讨。

高校图书馆改革与创新的讨论已经持续多年,其中"图书馆数字服务"在"中文期刊全文数据库"里就有上万条记录,实际研究高校图书馆服务创新的文献也有200余篇。这说明,数字化背景下图书馆的改革创新势在必行。与此同时,我们还必须认识到,任何事物的发展演进都有其内在的规律:事物均有其本质特征,本质特征乃改革创新的逻辑起点,即所谓的万变不离其宗。文化育人的核心价值是高校图书馆本质特征的重要体现,因此,高校图书馆的改革创新,应当坚持以文化育人的核心价值为逻辑起点,所有改革创新的举措都不可偏离文化育人的核心价值。因此,对高校图书馆在改革创新的同时,如何保持体现其本质特征的文化育人核心价值进行研讨,对保证高校图书馆与时俱进的和谐发展具有重要的现实意义。

一、关于功能与价值的一般认识

"功能"与"价值"是人们认识客观事物的两个非常重要的概念。我们通常所理解的功能是指事物或方法所发挥的有利的效能。例如对现今大学,人们公认应具有培养人才、文化传承与创新、服务社会、科学研究等四大功能。价值在哲学、政治经济学、社会学等不同领域则有不完全相同的定义。我们通常谈及价值,是指一种评价事物有益程度的尺度，价值高说明该事物的有益程度高、效益大、好处多，反之则价值低。对功能与价值概念做进一步深入的讨论，我们可以认识到其中的三个重要关系：其一，主体与客体的关系。功能与价值概念均包含主体与客体两个要素，主体是指功能与价值的载体，不同的事物有不同的功能与价值；客体则是功能与价值的作用对象，不同的事物对不同的作用对象有不同的功能与价值。其二，主要功能与次要功能、核心价值与一般价值的关系，即事物功能与价值的多样性与复杂性：由于事物之间相互关联的多样性和复杂性，某一事物主体对不同客体产生的功能与价值是不相同的；反过来说，同一客体受到不同主体功能作用的主次是不一样的，其体现的价值也有核心与一般的区别。其三，功能与价值的关系。功能是价值的具体表现形式，价值以功能为内涵，价值的高低由功能的作用与效能所决定。因此，当我们讨论事物的价值时，总是以其功能为依据；而研究事物的功能时，又总是与其体现的价值目标相联系。对事物功能与价值的认识与考察，是我们分析研究事物的本质特征和基本属性的有效途径。

二、高层次的文化育人是高校图书馆的核心价值

作为图书文献收藏地的传统图书馆，是先于大学出现的。在现代文明社会中，图书馆已经成为普遍存在的文化机构。每个国家、每个地区，都有各自的公共图书馆；有条件的单位和部门，也都有各自专门的图书馆（室）。不同级别不同类型的图书馆，由于各自组建的目的与开放的对象不同，其具体功能与价值也不完全一样。但只要是图书馆，则都具有"搜集、整理、收藏图书资料供人阅览参考"的基本功能。显然，传统图书馆这一基本功能所体现的是其文化价值：它向人们提供阅读的图书资料；除这一基本功能所体现的文化价值之外，一些单位或部门的图书馆（室），还承担着为生产、科研提供专门化的特殊服务功能。这些功能虽然也有文化价值的内涵，但更明显的体现是其经济、学术或业务价值。这就是说，图书馆的文化价值是其最基本的社会价值，而作为不同行业或部门的专业图书馆，又各有其相应的特定价值。

高校图书馆是伴随着高等教育的产生与发展的，高校图书馆的功能与价值则与高校的功能与价值的发展相联系。在高校的发展中，图书馆始终是其发展的重点。特别是在信息资源数字化和服务内容、对象、模式、手段均在不断创新的同时，始终体现其核心价值，让改革创新举措立于科学的逻辑起点，这对当前高校图书馆的发展，具有很强的现实意义。很显然，高校图书馆的功能应与高校的功能相匹配；因此，高校图书馆的核心价值必然与高校的核心价值相关联。谈到高校的核心价值，根据前面对功能与价值关系的讨论可知，我们先要对现今大学的功能进行分析。

首先，高校是从事教育的机构，教育功能是它的基本属性，培养人才是其首要任务，通过培育"高级专门人才"，为社会的政治、经济、文化、生态的发展做贡献来体现其社会价值。因此，"育人"是高校的核心功能，"出人才"是高校的核心价值体现。其次，文化传承与创新是高校的基本活动，使人"文化"，让人"更像人"，是高等教育活动过程的本质属性与根本目标。高校设置各种学科专业，开设涵盖人类文化成果的各类课程，通过多种多样的教与学的双边活动，进行文化的传承与创新，将人类文明成果，包括各种知识成果、思想成果传承下来，从而使人具有正确的思想观念和良好的行为方式，并拥有某种专业知识和职业能力。显然，这种传承与创新的过程，说到底是一种人类进步文化基因的传承过程。高校也有社会服务和科学研究的功能，但高校的社会服务、科学研究功能，与其他的社会服务、科学研究机构不同，高校的社会服务、科学研究功能都应具有教育性，都必须在与培养人才、文化传承与创新的紧密结合中去完成。最后，高等教育的育人本质与文化属性还需特别定位在"高的层次"上，高校是培养高级专业人才、追求高深学问的学术殿堂，这是高等教育与其他教育层次的区别所在。综上所述，高等教育活动虽然具有多重目标与多重功能，体现其价值的多样性，但育人是其核心功能，文化传承与创新是其基本属性，对文化的高层次追求则是其本质特征。概括地说，高层次的文化育人是高校的核心价值。由此我们认定，高层次的文化育人也是高校图书馆的核心价值。

三、高校图书馆文化育人核心价值的保持

随着数字化时代的到来，且日趋深入社会生活的各个领域，图书馆的改革创新势在必行，高校图书馆的改革创新更应当走在前列。任何改革创新都是"破"与"立"的有机结合，破什么、立什么，是改革创新首先要思考的问题。也就是说，把握好"继承"与"发展"、"坚守"与"超越"的关系，是我们思考和实施改革创新的前提和基础。对高校图书馆的改革创新而言，数字化的时代特征与现今大学的四大功能是思考破与立的基本出发点，专著《高校发展与图书馆服务创新》和论文《高校图书馆服务创新研究综述》等文献提供了较好的参考与借鉴。本书要重点讨论的是破中必要的坚守和立中前瞻的起点与方向，即改革必须坚守文化育人的本质特征，保持高校图书馆的核心价值；创新应当既立于文化的高层次起点，又不可偏离先进文化的前进方向。如何保持文化育人的核心价值，我们认为可从以下几方面着力：

首先，必须增强问题意识与忧患意识，认识保持核心价值的必要性与重要性。现今时代，信息资源数字化，经济市场化、全球化，文化多元化；大学已经进入经济社会发展的中心，大学功能已拓展到人才培养、文化传承与创新、社会服务、科学研究等领

域。在这样的时代背景下,作为高校重要部门的高校图书馆,其生存与发展正面临着严峻的挑战:一方面,服务对象、内涵、模式、手段等,都必须扩展与创新。例如,网络环境下开辟网络服务体系,创建提供个性化、科学化的单点服务的"图书馆门户";开发适合自身特色的信息市场,建立以市场为导向的信息产品与服务体系;等等。然而,作为高校图书馆,在扩展服务对象与服务内涵的同时,切不可偏失育人的核心功能,过分关注服务的经济利益,而必须坚守赖以安身立命的文化育人的核心价值,否则将消解高校图书馆的本质特征,削弱其在高校中应具有的作用与地位,甚至失去其存在发展的基础。从馆长到馆员,都必须增强问题意识与忧患意识,认识保持核心价值的必要性与重要性,始终把文化育人这一核心功能摆在首位。

其次,认识文化育人核心价值的时代内涵,即我们今天要用什么样的文化培育什么样的人,是坚持文化育人核心价值必须深入思考的首要问题。观察今天的世界,我们深切地感觉到,这是一个问题的时代,一个问题很多且很大的时代。在现代科技的神奇影响下,一切都在惊人地快速变革。"如果人们愿意在生活中睁大双眼,每天都有问题等着我们去研究、去解决。"如前所述,自从有了大学以来,大学就承担着把未来和希望具体化并变为实际可能的重大使命。作为大学中人,遵循"三个面向"的教育方针,我们应当有强烈的忧患意识和高度的历史责任感,进行力所能及的思考和关注,为回答和解决当今世界既多且大的难题做出努力。我们之所以要改革、要创新,就是要提高应对与解决面临各种问题的能力。

很显然,要提高应对和解决当今世界面临各种问题的能力,对于大学而言,必当着眼于文化的高端层面。这种高端层面,按中国传统经典讲,可概括表述为"穷理尽性"与"止于至善"("穷理尽性"出自《易经·说卦》"穷理尽性,以至于命","止于至善"出自《大学》首句"大学之道,在明明德,在亲民,在止于至善")。"穷理尽性"意为"穷极万物深妙之理,究尽生灵所禀之性";"止于至善"意为大学应追求尽善尽美的崇高境界。按照现今的说法讲,大学师生应具有正确的世界观、人生观和价值观,亦即有对真、善、美的执着追求,确保高校师生"有追求真善美的高度自觉,有远离假恶丑的有力自制"。诚然,要用"穷理尽性"与"止于至善"的高层文化精神,培育"有追求真善美的高度自觉,有远离假恶丑的有力自制"的时代新人,绝非图书馆独家所能,但作为高校图书馆,应当坚守这一信念,并为此做出努力。

再次,保持核心价值的举措。大学之"大",大图书馆是必备条件之一。大学生在大学走过四或五年,重要的不在于多学了几条定律定理,而在于人格和精神境界的提升。高校图书馆在这方面有不可替代的作用。其具体举措有以下几方面:

（1）营造"雅、洁、静"的读书环境，陶冶学生的情操。高雅宁静，给学生以"学术殿堂，知识宝库"之感，让学生由宁静而生致远之心；整洁、漂亮，给学生怡人之美而生陶醉之感。（2）以丰富的图书资源让学生看到知识的海洋，使学生"知不足"而后"学不止"。高校图书馆的收藏应力求"兼容并包、囊括大典"，应力求及时收集各学科发展前沿的书刊。（3）开展推荐、导读、交流心得等读书活动，培养学生的阅读兴趣和阅读能力，引导学生进入知识的海洋，启迪学生仰望彼岸、探究学问。（4）有重点地开展阅读经典的活动，为培养"仰望星空的人"助力。人类历史和思想文化是人类共同的DNA，其中历史伟人和历史经典则是这些DNA的核心。为此，大学不仅要教授专业知识，更需要教传授人类文化中的经典。如果我们今天的大学师生能像孔圣人那样，"朝闻道，夕死可矣"；能像大思想家罗素那样，"推动我生命的三大动力，一是对知识的渴望，二是对爱的追求，三是对人类苦难的同情"；能像康德那样，"有两样东西越是考虑越让我刻骨铭心，一是头上的星空（神秘博大的自然秩序），一是内心的道德力量"。那么，我们的大学必将是另外一番景象！这是人们的深切期待，也当是人类社会美好未来的希望所在！

最后，修订凸显文化育人核心价值的内部管理与对外服务的各项制度。现今图书馆的运行较传统图书馆复杂了很多，对工作人员的思想素养和业务能力提出了更高的要求；内部管理与对外服务都必须有新的理念、新的机制、新的方式，这就需要有一整套新的规章制度来体现和保证。关于规章制度的修订，这里提出三点建议：（1）在深入讨论的基础上，做好制度修订的顶层设计与框架构想。内部管理要充分体现以人为本的激励机制，鼓励员工的创新精神和责任意识；对外服务要充分体现服务育人的理念，员工要明确树立既是"馆员"又是"老师"的意识，学生是把我们当老师看待的，我们的言行举止会对学生产生直接的影响。（2）有必要将上述保持核心价值的具体举措用制度的形式规范下来。例如导读制度：目的与要求，哪一科室牵头，每一学期做些什么，做出具体规定。对经典阅读和学术活动等，也可做类似的规定。（3）馆长是确保文化育人核心价值的关键。高校图书馆是大学生活动最多也最集中的场所，对学生文化素养与精神品格的熏陶与提升非常重要。明智的高校领导都十分重视图书馆馆长的遴选。称职的馆长既可以使图书馆的功能与价值充分发挥出来，而且，在这个学生活动最多也最集中的场所，馆长的人格与学识魅力，更是广大学生学习的直接楷模。

第三节　主题馆建设与图书馆文化育人

主题馆是图书馆创新变革的结果,有其自身基本的属性与独特的内涵,并表现出特别的多样性与开放性。主题馆的出现是对图书馆结构功能的一大改进,推动了图书馆整个书香文化育人工作的开展。各地各类主题馆的建设实践,为主题馆发展积累了一定经验。主题馆的发展必须与图书馆的转型升级紧密结合,必须主动融入整个书香文化体系之中,致力于文化育人。

近年来,主题图书馆建设越来越多地受到了图书馆界的关注与重视,一些图书馆先行先试开始了建设实践,建成不少主题馆,一些学者开始对主题馆进行理论上的梳理与探讨,取得了一定成果。通过实践与理论观察,我们认为,主题馆的出现不仅是对图书馆传统结构体系的重大突破,它带来的更大意义在于对图书馆文化育人平台的创新拓展、图书馆文化功能的深层变革。

一、主题馆的缘起与基本内涵

"主题"是指某类物体或行为表现出来的中心思想或主要内容。人类很早就知道用主题来归类、集约,用主题来唤起关注或笼聚人心,如节庆主题,春节共同辞旧迎新,清明缅怀先辈,举行某一大型活动或发起某一重大行动,也会明确一主题。后来的建筑与文化等领域更是普遍以主题来分类,如各类主题乐园、主题酒店、主题街区、主题展览、主题论坛等。在现代市场行为与管理运行中,大量应用特定主题作为目标牵引或行动指南已是常态。

图书馆界很早学会了运用"主题"来进行资源建设与管理,古代图书馆或藏书楼图书分类中,不管是西方的多种分类法还是中国的"四部"分类法,基本是按不同主题来区分的。随着图书的增多与资源整合的需要,主题后来便成为图书采编典藏的重要因素。后来在不同馆舍建设中,主题也得到越来越多的应用。欧洲中世纪的修道院图书馆,以收藏神学图书为主,被认为是较早的主题图书馆。文艺复兴时代,学科与知识不断细化,欧洲各地各类专门、专业的图书馆有了很大的发展,更是推动了主题图书馆的建设。随着图书馆的这种专业化、主题化发展,美英等国在20世纪初成立了专门图书馆协会,主题馆建设得到认可并实践。美国纽约公共图书馆系统有87个总分馆,其中就有4个主题图书馆。新加坡国家图书馆系统的艾斯普尔图书馆,以舞蹈、音乐、戏剧和电影四个领域作为馆藏和服务特色,成为主题图书馆建设的成功案例。在我国,清王朝专门修建"七阁"来分藏官修的《四库全书》,这"七阁",藏书单一,特色鲜明,可以说是我国典型的主题图书馆。近代时期,上海徐家汇藏书楼以旧西文馆藏为特色,主题特色也非常明显。考察早期的主题图书馆,主要是以馆藏资源主题来区分、定位的。

北京是最早关注并开始建设主题图书馆的城市之一。2003年12月有报道,为了避免资源重复而造成的浪费,作为大型图书馆的有益补充,北京正积极发展以社会热点为特色的小型主题图书馆,西城、海淀等5个区的主题图书馆已经颇具规模。上海在2004年9月出台的文化设施建设总体规划图中,明确要新建或改扩建一批市级"主题图书馆"。深圳福田区在2011年年底建成的90多个社区图书馆中,就包括5个主题图书馆,少儿英语图书馆、书画图书馆和艺术图书馆开馆最早。2014年江西省宣布在全省公共图书馆开展主题图书馆建设,并选定了第一批26个主题图书馆开展试点建设,江西是有计划有系统建设主题馆做得最好的省份。

主题馆的实践也引发了学界的关注,一般认为,国内最早以主题图书馆为专门研究对象的论文出现于2007年。其后研究渐多,主题馆的一些基本问题引起了学界的争论。什么是主题馆?对此有多种说法。目前最认可的说法是王世伟先生给的定义:主题图书馆是通过特定领域(某一或多个领域)的专藏和服务来满足人们对专类知识和信息需求的图书馆。实际上,围绕主题图书馆或图书馆的主题定位,所涉及的领域是非常多的,后来的研究也在不断蔓延开来,除了主题资源外,主题空间、主题信息、主题服务、主题活动等,皆受到业界重视并有学者开展研究。

二、主题馆建设的多样化路径与实践

可以看出,从不同的角度观察主题馆,主题馆其实并没有把自己固化,也没有一个绝对的评判标准,从内容到形式,并没有一定的范式。提炼主题、服务主题、传播主题,主题馆各方面的建设是非常宽泛与多样化的。

(一)主题资源

可多样选择但必须重视特色,地方性与区域特色最明显。资源即馆藏,这是任何主题馆的基础或主体。对主题资源或主题馆藏,可以多向选择。按学科来建设,如艺术主题馆。按行业来建设,如汽车主题馆、服装图书馆。按服务对象的不同来建设,如少儿图书馆、外文图书馆。但现实中出现较多的也最容易突出主题特色的资源,还是地方文化或区域优势资源。如江西省建设的第一批主题图书馆,基本是按地方文化特色来确定的,景德镇"陶瓷文献图书馆"是与瓷都相配的,鹰潭"道教文化主题图书馆"、宜春"禅宗主题图书馆"、吉安"庐陵文化主题图书馆"、修水县"陈氏五杰文化主题馆"、靖安县"佛学主题图书馆"、弋阳县"弋阳腔文化艺术主题馆"等，都是根据各地本地的地方文化与文献资源优势而建，并且依托地方图书馆总馆。走进这些图书馆，主题资源突出，一馆一特色，充分体现了地域文化特点，从资源功能上看也起到了地方文化文献馆的作用。

（二）主题空间

主题馆既独立又共存，实体为主，同时开发并应用网络与移动空间。主题馆的实体空间可大可小，形状没有统一标准。有些主题图书馆，完全是一栋独立的大楼，体系形态与运作管理独立，如温州服装图书馆，它由温州市图书馆与温州服装商会合作建设，形制上是独立的，独立核算，但双方共同管理。而大多数的主题馆是总馆下的分馆制，或是总馆中的局部空间，有自身独立的空间，但管理是统一的。例如佛山市联合图书馆，下由32个分布各地的分馆组成，其中玩具图书馆、环市童装图书馆、澜石金属图书馆属于主题图书馆，空间独立，但统一管理。杭州图书馆近年来陆续建设了音乐分馆、城市生活主题分馆、印学分馆、运河文化主题图书馆等，也是分馆形制，空间基本是独立的，但管理较灵活，统一管理、合作管理与独立管理相结合。江西大部分主题馆是依托本地公共图书馆，在总馆内开辟独立空间建成。而在实体馆外，随着现代数字技术、网络技术等的发展，大多数主题馆都开发出了数字主题馆或网上数据库，形成了网络主题空间，如江西所有主题馆，都有数据资源开发与网络主题库，很多主题馆，网上数字资源甚至比实体资源更丰富，也更易查阅。虚实结合，已是现代主题馆空间建设的一个基本方向。

（三）主题布局

结合实际，宜少而精，突出重点与对比。从总体布局看，主题馆不宜太多，更不能重复建设。国家层面可以建设某一领域大型的专题图书馆，如国家古籍图书馆、现代文学主题馆等。从省市地区来看，主题馆结合地方资源或文化优势，与公共图书馆共存，突出地方特色。主题馆须避免区域内重复建设，一座城市或一所高校，主题馆宜少而精，特色分明。在邻城或同类高校之间，也要避免雷同或重复建设。如何布局，思路很多，以笔者所在深圳职业技术学院为例，我们在考虑建设主题馆时，考虑了地方特色、校区平衡、专业聚集等因素，重点建设"汽车文化主题馆"与"国学馆"两大主题馆。"汽车文化主题馆"建在东校区，东校区以理工类学院为主，不仅有汽车学院，其他学院的专业许多也与汽车科技有关，因此以汽车文化为主题，主要展示汽车文化与科技,在建设学习、交流平台的同时,开辟体验区与创新活动区,培育"工匠精神",感受现代科技。"国学馆"建在西校区,西校区以文科与艺术类专业为主,弘扬传统文化又是图书馆的一大任务。国学馆重点弘扬传统文化,设有展示区、阅读区、休闲区、活动交流区、国学技艺体验区等,现场配置茶具、传统器乐、文房四宝等,重点开展传统文化教学、体验、研讨与推介活动。因此笔者所在院校主题馆的布局就是:一东一西、一科技一人文、一现代一传统、一咖啡一茶吧、一重创新一重传承,而且在深圳也没有类似的主题馆,做到了布局均衡、结合实际、对比鲜明、交相辉映、相得益彰。

(四)主题传导

主题传播路径与形态随着技术的进步而改进,主题信息的传播与接受已经非常多样化。主题馆是打造更专业的资源信息主题,传导给专业的群体或对这一主题感兴趣的读者。随着信息技术与传播技术的进步,以及对读者群体细分、信息流向控制细化的研究,可以看出现代的信息传导途径或渠道已非常多样化,可以涵盖人所能接受的各种方式,并且向更直接、更智能、更便捷转变。例如阅读,传统的阅读纸质图书不可少,但现在除图书外,还有电子书、影视、动画、专栏、张贴等可以阅读,除了看文字外,还可以影像声色观赏。再如体验感知,但传统的体验很简单,主要是看,而现在则有了电脑、iPad、ipod touch、AR、VR、实训设备等多种体验,体验途径与功能非常多。比如学习交流,这也是现在主题馆的一个主要功能,以前就一桌一椅,现在则多了演示屏、多功能桌,有了讨论室、咖啡吧、报告厅、交流角等,使人们能更好地开展学习,相互交流。总之,在今天的信息时代,通过引进先进技术,主题馆可以极大地丰富自己的传导方式,新技术环境下主题传导的多样化、多形式、多功能特点是非常明显的。

(五)主题服务

主题馆中多层次个性化针对性的服务体系,可以满足不同读者不同的服务需求。从服务定位看,首先,主题馆的资源服务更专业更集中,资源归集在一处空间,纸质、声频、数据库等一应俱全,查阅非常方便。其次,主题馆有着更舒适更人性化更小众的空间与设施来满足更细分的进馆受众,让到馆的读者感受到不一样的环境不一样的学习氛围,更真切地感受到主题知识与文化。最后,主题馆通过不同的区域划分、多样化的传导渠道、全方位的体验与相互交流,使得读者全方位地感受到不同传播方式带来的不同阅读体验或学习效果。总体来看,主题馆的服务比之一般的图书馆服务形式更多样,区分更有层次,更有针对性,更重个性,技术应用更智能更全面,文化的色彩更为鲜明，服务的深度与广度放大了，服务的绩效与作用也更明显了。这些服务的出现与创新，符合多样化社会对图书情报多样化服务的新要求。

（六）主题功能

主题应是专业单一的，但围绕主题展示表现出来的功能却是非常丰富与多样的。一方面主题馆保留了传统的图书馆借阅功能，可以借书、看书、查阅资源、自习。另一方面，主题馆对区域进行了必要划分，根据面积大小与结构布局对各区域功能进行了基本定位，很多主题馆除阅读区外，还设置了博览区、展示区、活动区、交流区、体验区与休闲区等，不一而足，有些是区域相对独立，有些是混合的并没有明确界限。有了区域的划分，主题馆的功能可以表现得非常多样化，可以参观体验、举办小型展览、讲座、培训，开展多种形式的讨论、交流、分享活动。主题馆可以接待个体读者，也可以开展小型社团活动。同时数字化的普及与新媒体的运用，又让主题馆的平台与空间无限扩大，增加了自助、快捷的智慧服务功能。因此，主题馆在图书馆功能的基础上，融合了文化馆、博物馆、展览馆、咖啡馆、学生活动中心等的部分功能，一些特定主题馆如少儿主题馆，按资源与空间区域划分可以展现出亲子阅读综合馆、玩具馆、动漫馆、游乐馆等的功能，民俗主题馆可设置服饰馆、家具馆、饮食馆等主题功能区。可见，主题馆与传统的图书馆有所不同，可以是一个"有读有学、有形有感、有声有色、有实有虚"的新天地。因此，各类主题馆在建设时，应当根据具体情况发掘其多样功能，跨界融合，最大限度地发挥主题馆的作用与效益。

三、主题馆对图书馆文化育人的意义

图书馆是文化高地，图书馆的任务除了文化传承之外，更要文化育人，或者说图书馆的终极目标就是文化育人。在时代的潮流中，图书馆自身在不断变革，传统的文化育人形式与手段也在不断创新。主题馆的出现，对图书馆的文化育人是一个很大的促进与改进。这主要体现在以下方面：

第一，主题馆扩大了图书馆文化育人的平台。传统的图书馆文化育人主要体现在资源优势的支持服务与成长学习的辅助辅佐上的。图书馆是一座丰富的宝藏，读者来去自由，以随个人喜好来学习为主。传统图书馆的文化服务是处于一种被动单一的扁平地位，平台较窄小。随着新技术的普及特别是网络化与多媒体的兴起，图书数字化与服务网络化后，资源变得多源化，服务也开始多样化，文化育人的途径与平台在放大。主题馆的出现，既集中了传统的资源，又融合了新数字资源，特别是通过主题对资源进行了整合，使得资源平台更广更深。同时，主题馆以独立或半独立的形式扩大了原来图书馆的空间,延伸了原有结构,使得图书馆文化育人平台进一步放大。

第二,主题馆丰富了图书馆文化育人的内涵。原有传统图书馆的资源与服务是比较简单的,主题馆有着复合式的资源组合与多样化的服务手段,同时在空间的利用上也大做文章,保留了传统的资源借阅与现场阅览、自习,更有定期不定期的主题活动、专题展览、专业讲座、沙龙交流等,使得主题馆的文化服务更有针对性也更具多样性,文化育人的作用不单局限在图书资源的文化传导上,而是可以感受到更多的文化品鉴、文化欣赏、文化交流、文化探讨甚至文化研究上,主题内的多重专业组合与传导,使得图书馆的文化育人内涵更丰富更精彩了。

第三,主题馆改变了图书馆文化育人的形态。从单一到复合,从被动到主动,主题馆的出现还不只是文化服务的形式与内容有所变化,更重要的是,主题馆出现后,开始改变图书馆的生存结构与文化功能。一方面,主题馆传统与现代融合,让图书馆开始紧跟时代发展的步伐,更紧贴读者需求,更贴近文化或市场的变革。另一方面,主题馆的出现打破了原有图书馆的组合结构、资源格局与服务方式,生存与运行管理都发生了深刻的变化,使得图书馆更开放,更包容,更具专业针对性,更有创新推动力,更具文化活力,更好地发挥了自身的文化优势,使得图书馆更主动地站在了文化育人的主战场,在社会书香建设与文化大发展中发挥出更大的作用。

第四,主题馆指明了图书馆文化育人的方向。文明繁荣的社会一定是一个书香四溢的社会,而这个书香社会,图书馆的文化作用一定是得到最大限度发挥与肯定的社会。传统图书文化的影响是潜在的、隐形的、个体的,现代书香文化则需要承担更多的社会责任,需要更主动地发挥自身文化优势,担当文化育人重任。真正地发挥引领作用的图书馆,既是社会文明的基础,又是文明社会的引擎;既是文化的高地,又是文化的创新源泉。主题馆的建设,是图书馆聚集文化资源、整合文化实力、彰显文化优势的重要举措。对现代图书馆来说,只有文化优势最佳发挥,育人功能最大限度彰显,才能最直接地促进文化繁荣,倡导文明礼义,推动社会进步。从未来图书馆的发展方向看,主题馆带来的开放、包容、活力、责任、创新等属性就是最主要的方向。

四、主题馆创新与书香文化育人功能的拓展

主题馆的创新实践与理论探索是时代发展的产物,是图书馆主动变革适应新形势发展的结果。通过实践,我们认为,主题馆的创新与发展必须置于整个图书馆开展书香社会建设、主动参与文化育人的大背景下,最主要的落脚点是推进社会文明进步与培育优秀人才。因此,展望未来,现代书香文化体系中的主题馆发展必须明确或重

视以下几点：

（1）主题馆的创新必须与图书馆自身的转型升级紧密结合。从古代的藏书楼到近现代图书馆，图书馆一直伴随着时代的进步在发展进步，同时也形成了自身的一些基本属性与模式。在时代潮流中，我们看到，图书馆是文化知识高地，是创新源泉，但图书馆本身往往文化发力不够，创新不足。近年社会变革加剧，新技术日新月异，人们的生活方式、信息获取途径与阅读习惯等都发生了很大变化，特别是在网络与新媒体兴起下，图书馆的传统阅读地位受到挑战。在这种背景下，图书馆近年来也在转型升级、改革创新，可以说从资源建设到技术变革到服务方式，都发生了很多变化。主题馆的出现，实际是图书馆自身结构创新与服务创新的结果，是整个图书馆转型升级中的一个组成部分，是图书馆寻求结构功能变革的表现。因此，主题馆的建设不能脱离整个图书馆的发展方向与趋势，主题馆的主题选择、空间位置、设计风格、资源构成、格局布局、管理体系、服务方式等都需要与整个图书馆的规划相一致，与图书馆的转型升级相结合。主题馆可以独立或半独立，也可以单独管理单独运作，可大可小，但它与总馆或区域场馆的布局、风格等要协调，资源要互补，服务要配套。在整合建设主题馆时，应与总馆或区域图书馆的规划吻合且步调一致，特别是在主题的确立以及今后围绕主题开展的建设、各项活动与管理中，都应当是紧密联动，与图书馆的其他改革创新举措紧密结合。主题馆之于总馆，系统性与整体性是前提，特色化与独立性是追求。

（2）主题馆要坚持多样化发展格局，必须特别注重自身内涵特色的建设。传统的公共图书馆、综合图书馆出现过大同小异、"千馆一面"的情况，其资源、服务的雷同性很大。主题馆建设中我们要求的主题要尽可能单一、独立，但呈现出的格局要多样化，最主要的就是主题馆自身的内涵要各具特色、个性鲜明。从主题的定义与实践的理解来看，主题有广义与狭义之分，含义比较灵活。图书的分类、书库的布局就是早期的主题区分，从分类走向主题，主题定位的依据与影响因素也非常多，主题可以从资源层面划分，也可以从服务对象划分，还可以根据地域特色、文化类型、学科差别等来区分，做到多样化与个性化的统一。在具体表现上，单个的主题馆应该一馆一主题、一馆一景、一馆一立，任何主题馆要有排他性、独立性。当然主题馆还要有权威性，在亮出特色的同时还能将特色转化成优势。主题馆建设要避免重复浪费，一个总馆系统内开建的主题馆肯定不能重复，而且要一城一省或一大区域一大系统内甚至国内也就你独自一家，找准文化定位，挖掘个性典藏，以特色取胜，集某一主题之大成，并通过网络多媒介扩散资源共享，通过开发数据库扩大服务面。这样的主题馆就会形成图书馆中的文化高地,形成专业权威,形成馆际优势,也会吸引更多的专业读者,服务更多的普通民众。

(3)主题馆必须融入整个书香文化育人体系与社会文明潮流中,为人才培育与文明发展服务。图书馆的终极使命就是传承人类文明,提升民众文化素养,培育社会英才,任何图书馆的建设与变革,都是为此中心服务的,图书馆的最大价值也在此。图书馆需要良好的藏储条件、静美的学习环境、便捷的服务体系等,目的是让人们更大限度地利用资源,学习知识,创造新文明。图书馆各项要素组合后,会形成一个平台或一种体系,凝聚成一种图书文化,到现在就是现代书香文化。书香文化的扩散与发扬光大,就是要促进文化育人,推动文明进步。现代书香文化发展得到了政府的强力支持,得到了现代先进技术的强力支撑,得到了广大民众的全面参与,迎来了最好的发展机遇。主流的书香文化要站在时代的前沿,弘扬核心价值观,传播正能量,唱响主旋律。从这个角度或高度去看主题馆,我们就应知道,主题馆的建设不是为了完成一笔预算,不是为了一个政绩,不是为了创新而创新,而是现代书香文化与社会文明发展的需要,是整个文化育人体系的一部分,是社会文明提升的原动力。主题馆的建设,就是要扩大现代书香文化的影响,让书真正飘香,让图书发挥更大的效能,让图书以更好的方式促进人类知识丰富、文明提升、社会进步。面向未来,现代书香文化有更广阔的发展前景。主题馆融入书香文化体系中,融入整个社会的文化主流之中,深深根植于这个时代,密切关注时代的变革与社会的需求,关心国家的命运与民族的时代使命,既有自身特色又与其他文化相融,这样才能迸发出新的活力,获得发展的无穷动力,有更新更美的前景。

第四节　智慧阅读与图书馆文化育人

图书馆在我国社会文明发展期间具有较大的作用,其属于科学文化知识传播的媒介,还可以为众多喜爱学习的人提供读书场所,让更多的人在业余时间可以学习文化,增加知识含量,充实自身,提高涵养,而智慧阅读可以有效帮助读者更好地读书学习,为我国国民素质的提升做出贡献。

在我国社会发展过程中,图书馆占有极为重要的地位,其承担着传播文化知识的作用,为更多的人提供了学习知识文化的平台,同时也为我国全民素质的提升做出了更加全面的贡献。而在当前信息化时代中,图书馆建设也发生了一定的改变,基于智慧阅读的图书馆文化育人逐渐进入人们的视野中，本节将对此做出系统性的分析探讨。

一、智慧阅读概述

智慧阅读是在阅读中产生智慧，发现阅读技巧，在阅读中认识自我、造就自我。在阅读期间，读者可以掌握阅读技巧，并且从阅读的信息中分析出关键信息，同时在阅读之后对自己及周围的世界拥有全新的认识，在生活和学习中产生问题的时候可以在第一时间应用自己所学习的知识来解决问题。随着阅读深度的不断增加，阅读者可以逐渐地认识自我、认识世界，并且可以通过自己的思考以及行动来验证所获取信息，最终可以利用知识改变自己、改变世界，这便是智慧阅读的真正含义。在我国当前社会主义建设阶段，最为重要的一项任务就是提升国民综合素质，而智慧阅读便是其中的一项核心措施，通过智慧阅读，可以让更多的人在阅读过程中开启智慧，学习到更多知识，并且以自己的行动来影响他人，让其他人也加入阅读当中，这便达到了智慧阅读的目的。

二、智慧阅读的重要性分析

智慧阅读主要就是在传统阅读的基础上，将自身的思维融入其中，其强调阅读后的思考，随后构建起一个适用于自身读书学习的阅读方式。智慧阅读主要强调的是以自身为中心，找寻适宜自身的最佳读书方式，只要是可以提高自身读书的质量，即为智慧阅读的方式，在读者进行阅读期间通过公共图书馆的信息服务系统为读者提供信息化服务。通过图书馆的信息化服务，可以更加优质地完成阅读，了解与掌握书籍当中所蕴含的知识，进而开启自己人生的智慧。在读者阅读期间，可以不受到外界因素的影响，尽情地享受阅读，感悟书籍中宏大世界观以及深刻哲理，让人从书籍中升华自己的灵魂。在我国的社会中，各行各业的人都可以走进图书馆，以自己喜欢的方式开启阅读，陶醉在阅读中，在阅读中充实自己、增加知识含量。通过智慧阅读也打破了人们对于阅读的看法，即获取和掌握信息。实则不然，通过阅读还可以得到全新的人生感悟，并且掌握更多的学习理念，更好地认识世界、了解自己，以更积极向上的世界观、人生观、价值观来面对生活，也达到提升全民综合素质的目的，强化整个民族的涵养。

三、图书馆文化育人的意义分析

阅读,是人们获取知识、增长学识、提升素质的重要途径,在此过程中,图书馆的重要性便逐渐凸显出来,图书馆可以向人们提供丰富的图书服务,若是读者想要学习哪一方面的知识,便可以到图书馆中搜索相应的资料,图书馆提供图书以供读者来阅读,整个过程中,图书馆所承担的主要作用就是知识的传播与共享。在新时代背景下,我国也开始大力倡导全民读书,通过读书可以使人开启智慧、提高素质、增强涵养,进而有效提高我国的全民综合素质。从一定程度上来说,阅读的广度以及深度,是衡量一个人以及民族高度和深度的重要依据。基于此,便需要在我国各个省、市、县中开展相应的阅读活动,让人们从阅读中获得灵魂的升华、精神的洗涤,而这也是图书馆文化育人的真正意义所在。其可以有效提升个人的思想认知、丰富个人知识文化、加深个人文化底蕴,使其成长为我国社会发展的全新型人才,为我国实现中华民族伟大复兴战略增添助力。

四、基于智慧阅读的图书馆文化育人策略

(一)大力开展公共图书馆智慧阅读宣传工作

为全面推广全民阅读活动,提高全民综合素质,让智慧阅读影响到每一个人,需要公共图书馆大力开展公共图书馆智慧阅读宣传工作。通过宣传能够让更多的人了解到智慧阅读,并且喜欢上智慧阅读。可以通过宣传大会的方式进行宣传,由公共图书馆工作人员对大会的内容做出策划,其中包括宣传的时间、地点、方式以及目标人群等,将以上方面考量周全之后便可以投入宣传工作的策划阶段。在宣传过程中,可以印发一些与宣传有关的宣传手册、宣传卡片、手抄报等,如以大学生为受众群体,可以在大学校园中进行推广,把宣传卡片在大学校园中发放,向学生赠送一些小礼品来引起学生的注意,将手抄报粘贴到大学的广告宣传栏上面,以供学生了解阅读。还可以要求大学生到图书馆中参加宣传大会,通过宣传大会的方式来向大学生宣传智慧阅读的重要性、方式、意义等。在宣传大会上,为提高学生的积极性,可以为学生精心准备一些小礼物,这样可以提高学生在宣传大会上的体验,为确保学生在宣传大会上聚精会神地听讲,可以采取交流互动的方式来引起学生注意,在宣讲的过程中时而抛出问题,让学生产生思考,同时还可以现场向学生讲解阅读一本书的方法以及步骤等方面,通过这样的宣传大会,可以让大学生充分了解到智慧阅读的重要性,并且自发加入智慧阅读当中,继而确保公共图书馆文化育人作用得到充分发挥。

（二）向读者传授智慧阅读的技巧

在公共图书馆中，每天都会有很多的读者加入其中，而在这些读者中，只有少部分读者拥有自身的阅读技巧，大部分读者在读书期间都是单纯采用传统的读书方式，认为"书读百遍，其义自见"，实则不然，读书也是讲求方法的，虽然说传统的读书方式具有一定的可取之处，但是智慧阅读的方式则可以提高读书的效率，加快读者获取知识的速度。所以公共图书馆可以向读者传授阅读的技巧。可以制作一些智慧阅读的标签，将其粘贴在图书馆的桌子上、椅子上；随后在这些地方再粘贴一些智慧阅读的小技巧以及方法等，这样就可以让读者在读书期间注意到这些提示性的话语，而读者若是想要系统性地了解智慧阅读的技巧以及方法，则可以与图书馆图书管理员联系，由图书管理者向读者具体讲授智慧阅读的技巧，或者是将智慧阅读的技巧打印在一些卡片、精美的贺卡上面，向读者发放。这种发放并不是那种漫无目的、普遍撒网式的发放，而是专门向有意向了解智慧阅读技巧的读者发放，这样可以避免浪费在贺卡上面投入的资金，同时也起到了宣传的作用。

（三）定期开展智慧阅读活动

定期开展智慧阅读活动是一项重要的措施，通过活动可以让读者切实体会到智慧阅读的重要性及智慧阅读对于一个人的意义。在活动开展之前，同样要考量到活动的时间、地点、规模、受众群体等方面。以在职人员为例，活动时间的最佳选择就是在周末，因为一般情况下，在职人员休息的时间都在周末，并且在这个时间内开展活动，受到的关注度也会更高。在此期间，可以选择一些企业的工作人员进行宣传，如银行工作人员、邮局工作人员、保险工作人员、小初高中教师、公交地铁工作人员等，这些人都可以成为智慧阅读活动的目标群体，活动的地点最好选择人流量比较大的地点，这样可以让更多的人了解与掌握智慧阅读。例如公园、景区、广场等，都可以成为活动的举办地点。而活动的形式也可以多种多样，不要局限在单一的活动方式上面，可以丰富活动的种类和形式，吸引更多的人参加，如辩论、竞赛、背书、知识有奖问答等，这些都可以成为活动开展的形式。总而言之，活动开展的宗旨就是让更多的人了解到智慧阅读，并且逐渐受到智慧阅读的影响，投入阅读的行列中，继而全面提升我国的国民综合素质。

综上所述，在我国社会发展不断向前推进的背景下，提升国民素质成为一个重要的内容，而阅读便是其中行之有效的措施之一。智慧阅读的方式可以充分提升读者阅读的效率与质量，帮助读者更好地学习文化、掌握知识，让图书馆更好地发挥其传播科学文化知识的职能，全面促进我国国民综合素质的提升。

第五节　文化自觉

　　高校图书馆是文化育人的重要渠道，在文化传承与创新活动中，文化自觉是审视和加强高校图书馆文化育人的新向度。同时，大学生文化自觉的水平在很大程度上决定着其个体发展的状况和方向。本节通过分析文化自觉对高校图书馆文化育人的重大意义，强调以文化自觉为新向度、提升高校图书馆文化育人实效性的举措。

　　十八届三中全会强调了坚持社会主义先进文化的前进方向。培养大学生高度的文化自觉是一个宏大而复杂的系统工程，也是一个需要长期努力的动态教育过程。

　　高校图书馆在高校人才培养和文化传承文化创新中处于主体地位，要以弘扬中国传统文化和社会主义先进文化为己任，充分实现核心价值体系的影响力和感召力，培养具备一定的文化自觉水平、人格完善、全面发展的新型大学生。

一、文化自觉与高校图书馆文化育人

（一）文化自觉

　　"文化自觉"这个概念最早是由中国著名社会学家费孝通先生提出来的，它是指生活在一定文化中的人对其文化有"自知之明"，明白其来历、形成过程、所具特色及它的发展趋势，换言之是指对自己所属文化的自我觉醒、自我反省、自我创建。要深刻把握文化自觉的内涵，必须在详细分析建立文化自觉过程的基础上进行。以文化自觉为向度的图书馆文化育人包含两层含义，其一是指图书馆人对文化育人的各要素在文化自觉理论内涵的理解和认同，对高校图书馆的先进性和可持续发展方向有清醒的认识；其二是接受高校图书馆文化育人的大学生的思想意识层面，体现为大学生理解自身需要建立的文化底蕴、文化自觉，认同图书馆文化育人的文化内涵和价值取向，以及内化文化自觉的基本原则，并能够指导其社会行为实践。

（二）以文化自觉为新向度的高校图书馆文化育人

　　随着大学文化素质教育理念的进一步落实，培养大学生的文化自觉已经成为大学文化素质教育的出发点和落脚点。高校图书馆是大学文化素质教育理念的践行者，高校图书馆必须以战略的眼光、以高度负责的精神加强对大学生文化自觉的培养。只有当大学生具备了文化自觉时，才可能客观地审视各种社会文化思潮，反思并修正自身观念和行为的偏差，理性地做出选择并迎接挑战，从而实现个体的全面发展。只

有当大学生有了对自己所属的文化状态具备清醒的认识时，才会有能力定位自己的民族文化在世界文化体系中的位置坐标，才会有坚定的理想与信念，站在世界文明史的高度来审视中国与世界。培育文化自觉是高校图书馆文化育人的根本路向，它既是大学文化素质教育的显现，又是高校图书馆社会价值的塑造，是提升高校图书馆文化育人实效性的重要举措。

二、文化自觉与高校图书馆文化育人的关系

（一）高校图书馆文化育人是培养大学生文化自觉的重要渠道

费孝通先生指出："文化的生和死不同于生物的生和死，它有它自己的规律，它有它自己的基因，也就是它的种子……文化也是一样，如果要是脱离了基础，脱离了历史和传统，也就发展不起来了。因此，历史和传统就是我们延续下去的根和种子。"文化自觉是文化转型的自主能力，是决定人们适应新文化环境、能否获得文化选择自主地位的重要条件。基于这样一种对文化自觉的认识，高校图书馆文化育人在信息文明全球化的条件下，应以一种开放的态度适应新环境，包容多元文化并吸收先进文化，促成文化转型，形成多元的教育观，去面对历史走向未来，培养更具备文化底蕴和文化自觉能力的大学生。

高校图书馆拥有丰富的馆藏资源，学科门类齐全，包括科研资源、专业资源、人文资源等，而且在更大程度上具备塑造大学生文化自觉的精神资源。高校图书馆的职责是"文献支撑，文化育人"，在培养大学生文化自觉这一宏大的系统工程中处于主导地位，以开放、共享及特有的服务功能，不断向大学生传播高品质的主流文化，以体现时代精神的文化自觉作为高校图书馆文化育人的态度。

（二）文化自觉是高校图书馆文化育人的本质要求

高校图书馆文化育人的重心就在于向大学生积极推荐、正确使用中华文化成果，树立和传播核心价值观，对社会主义文化建设、文化发展以及文化安全起着举足轻重的作用。这种文化作用会指导大学生通过图书馆提供的载体，不断探索知识的文化内涵，能够对大学生的信息素养、社会适应性和即将面对的职业生涯选择等方面产生积极影响。高校图书馆以文化自觉的科学态度认识、分析和面对中华文化及其对世界多元文化的意义，是高校图书馆发挥大学文化素质教育主导作用的理性态度，更是高校图书馆践行文化育人的本质要求。

三、提升高校图书馆文化育人实效性的举措

（一）形成文化育人的工作机制

"自知之明"指培养大学生对中华民族文化的认知能力。大学生由于受应试教育的片面影响，不同程度地存在着文化底蕴不足和文化视野狭窄的问题，对中华民族文化缺少自豪感、对西方文化盲目追捧的现象比比皆是。很多高校图书馆已经意识到这一问题的严重性，纷纷采取有效措施积极解决：济南大学图书馆以学生社团为载体和抓手，组织开展了传统文化协会经典诵读、文学社品赏名家作品等一系列各具特色的文化育人活动。大学生通过诵读国学经典、亲近国学经典、走近国学大师及图书馆邀请专家学者一起畅谈读书体会等活动过程，对中华民族文化的自豪感油然而生。另外，很多高校图书馆举办读书节、读书沙龙、影评会、书友会、名家讲座、定期主办"高校人文论坛"等活动已经成为高校图书馆文化育人的常态工作。部分高校图书馆已经成立文化育人中心，以"中心"为龙头，按照"整合资源、明确职责、深化内涵、高效运行"的指导思想，要求图书馆各相关部室和相关人员密切协作，逐步形成高校图书馆文化育人的工作机制。通过文化育人工作的有效开展，促成大学生带着对中国传统文化求知热情去深入学习，为大学生文化自觉的养成奠定基础。

（二）营造文化阅读的环境氛围

目前，高校教育重科技、轻人文的状况还没有实质性改变，人文教育的缺失和人文精神的衰落已经影响到大学生个体的全面发展。据统计，高校图书馆借阅率高的是 GRE、MBA、公务员等各类考试辅导书和参考书，很多大学生忽略了能够提高自身综合素质的书籍阅读，"功利阅读""浮躁治学"大行其道，甚至出现了理工科研究生写不出通顺的文章、本科生不懂得如何称呼长辈等怪现象。许多有识之士呼吁"文化阅读"回归，即读书治学过程中的"文化享受"不能被忽略，因为它关系文化底蕴的积累和文化生活的品质。高校图书馆是"文化阅读"的殿堂，有责任、有义务通过内在机制和个性化的人文服务，开展一系列读书修身活动，为大学生"量身定制"读书修身计划，培养大学生持之以恒的阅读习惯，引导大学生文化阅读。以高校图书馆厚重的文化底蕴和浓厚的学习氛围引领大学生提升人文素养，为大学生文化自觉的养成营造环境氛围。

（三）依靠文化自觉保证职业操守

图书馆人是开展文化育人活动的骨干力量，是高校图书馆开展文化育人活动的组织者、实施者和指导者。图书馆人的文化自觉，主要指具备人文品质、职业素养、精

神风貌等方面,这些因素会直接关系图书馆文化育人能否有所作为、对大学生能否产生潜移默化的影响,并间接影响大学生文化素养、文化自觉的养成。图书馆人应该清醒地意识到自身的文化特性,明确自身在大学生文化自觉塑造中的使命和责任,依靠清晰强烈的文化自觉保证职业操守。

(四)践行文化自觉于读者服务

提升读者服务水平是图书馆发展的永恒话题,它既是高校图书馆文化育人活动的开展与接受过程,又是文化育人的传播形式与图书馆人内化文化自觉的过程。如何应对日益提高的读者服务需求、践行文化自觉于各项服务中,赋予读者服务以新意,是高校图书馆解决问题的正确思路。

网络化技术手段形成了"人人拥有麦克风"的众媒体时代,诉说与倾听、多向互动的"对话"成为高校图书馆读者服务的新态势。高校图书馆文化育人要有"对话"意识,充分体现大学生在大学文化素质教育中的主体地位,彼此尊重、平等交流。例如笔者所在的济南大学图书馆,邀请大学生志愿者参与到图书馆管理与服务中来,提供平台和契机以发挥其主观能动性,使他们在获得锻炼的同时也了解和理解了图书馆的管理与工作。不断完善各种载体的读者服务,在省内高校中首批开通移动图书馆,用手机扫描网页上的二维码就可以使用。读者在网上图书馆登记电子邮箱,图书到期或者预约的信息会及时发送,实现手机短信提醒。使用时下最热门的云计算这一锐器,使媒体的数据存储在互联网的云端,它的超强存储能力和计算能力能够快速提取有价值的信息。建立信息共享空间、小组讨论室,在为读者提供极大便利的同时,图书馆节省了大量的硬件投资和人工费用,使图书馆的服务工作实现跨越式发展。

(五)利用信息素养教育传播文化自觉

充分挖掘图书馆信息素养教育的文化要素,有意识地将核心价值观融进信息素养教育的课堂和教材里。创新信息素养教育形式,授课方式不局限于课堂教学,还有在线授课、远程学习、学生自学与学科馆员答疑等多种方式。更新教育内容,改变过去只注重信息技术及理论,有意识增加文化层面和思想意识层面的内容,渗透文化要素。启用新的信息素养评价体系,包括信息获取、评价及利用、文化反思与创新等多维度的立体评价。在组织信息素养教育实践活动时,要求大学生利用掌握的文献信息检索知识模拟参与图书馆选购书刊,编辑二、三次文献。通过信息收集、处理、分析、筛选和利用,创造性地解决图书馆实际问题。检验大学生的信息素养水平,不仅是获取和利用信息的能力,而且要具备较强的文化学习能力和思辨能力,树立文化自尊,成为推动社会进步的新型人才。

（六）多种媒体途径的文化育人

随着现代传媒技术的迅猛发展,各种现代化的传媒工具对大学生的学习、生活产生了越来越大的影响。现代传媒具有信息量大、传播速度快、范围广、图文并茂等特点,特别符合大学生求新、求异的心理特点。因此,高校图书馆应注重结合大学生的身心特点,充分发挥现代传媒的育人功能。济南大学图书馆在驻济高校图书馆中率先开通了新浪官方微博,短短5个月就有了接近4 000个粉丝,大学生不懂的问题可以直接与相关人员或学科馆员交流。图书馆努力通过各种媒体途径传播,有效帮助大学生培养文化自觉的优秀作品和文化成果,拓宽大学生的文化视野,丰富大学生的文化选择,帮助他们在主流文化中找到自己的兴奋点,真正提高大学生的文化自觉能力。

高校图书馆作为重要的文化育人场所,在经济浪潮中抛却浮躁、坚守文化自觉是必然要求。这是强调以文化自觉为向度提升高校图书馆文化育人实效性的目的,也是新时期高校图书馆谋求变革、主动发展的需要。

第六章　高校图书馆文化育人的创新研究

第一节　高校图书馆物质文化育人

本节首先介绍了图书馆物质文化的概念、特征和育人功能,分析了当前高校图书馆物质文化育人中存在的基础设施建设不足、馆藏资源分布不均、缺乏现代管理理念、专职人才队伍欠缺等问题,进而提出了有针对性的对策:完善基础设施建设,优化空间布局设计;发挥资源共享功能,强化文献资源配置;推行人性服务机制,提升文化管理效能;组建现代人才队伍,强调沟通互动原则。

自高等教育朝着内涵式方向发展后,高校作为高等教育主阵地,在立德树人道路上发挥着中坚力量,其中承载着育人功能资源配置的图书馆,也在育人进程中起着重要支撑作用。高校图书馆作为一种集文献资料收藏、学习管理服务、文化发展记载等功能于一体的功能性建筑,既有着物质文化的建设特点,也有着人才的培育职能。基于当下国内部分高校图书馆运作中暴露出的物质文化育人功能弱化问题,本节立足于图书馆物质文化的内涵、特征及功能,对现状展开切实分析,并提供对应的优化方案,以期达到强化校园物质文化育人功能的最终目的。

一、高校图书馆物质文化育人的相关理论基础

(一)图书馆物质文化的概念

图书馆物质文化包含所有具体存在的文化景观,如环境、设施、资料等,以及以抽象形式存在的精神载体,如制度、理念等。总的来说,图书馆物质文化内核更多在于其结构、特性及功能,且一般被作为文化建设的有形工具。与精神文化相比,物质文化具有实体性特征,且能够直观地反映出其文化共享价值。因此,图书馆物质文化在高校教育机构当中大多承担着以物质实体满足精神需求的职能,从而由辅助角度达成育人目的。

（二）图书馆物质文化的主要特征

第一为信息特征。众所周知，图书馆是收纳、典藏各类书籍文献的场所，也因此承载了大量的知识信息，能够促成新文化元素衍生，即利用信息的价值导向功能为高校内部人员提供辅助学习服务，最终达到以信息推动信息更迭的发展目的。第二为传播特征。书籍作为一种可流动物质，能够通过人为力量进行传播，高校图书馆所具有的借阅功能也与其传播特征相符。除实体物质层面外，书籍中蕴含的知识信息也能够通过意识层面加工进行再传播，如教师可通过借阅书籍达到丰富自身知识积淀的目的，再于授课中将知识积淀转化为教学效能，即精神层面的图书馆物质文化传播特征。第三为开放特征。图书馆之所以被当作高校标志性建筑之一，除了其特有的知识信息收纳、整合功能之外，更多在于其在文化传播方面的开放性，即面向校内全体师生提供信息管理服务，且在空间规划、设施摆放等方面均按照公用式标准进行设计，旨在便于有需求的校内人员自行取阅书籍，在育人方向上无形中强调了教育的对等性。

（三）图书馆物质文化育人的功能维度

首先，智育功能。智育即以智力开发为主的育人行为，大致集中在知识的汲取与认知的构建层面。图书馆在高校内部的定位大多倾向于知识文化的象征，得益于丰厚的书籍典藏与人为因素影响下催生的学习氛围。图书馆在智育功能发挥过程中有着得天独厚的优势，许多学生将其作为自主学习的主阵地。同时，图书馆是高校教育机构文化底蕴、办学理念及发展诉求的一大体现渠道，学生能够通过沉浸其中获取精神动力，逐渐形成良好的学习习惯，助力智力、思维的进一步开发。此外，图书馆物质文化建设对于高校学科发展具有重要的促进作用，这在提升高校的办学水平、凸显高校学科建设特色、增强高校核心竞争力等诸多方面都有着无比重要的意义。

其次，美育功能。美育即以审美能力构建为主的育人行为，一般集中在美学体验与艺术感知的层面。图书馆中，无论是集文学艺术结晶于一体的书籍文献，还是经过特殊设计的空间造型，抑或是人为打造的人文环境，无不传达着对艺术美学的追求与开发。也正因为如此，在高校图书馆内的学习过程中，学生能够于有形或无形间参与到美的感知、体验过程当中，甚至可因此形成进一步传播或开发的能力，这种审美能力的构建过程便被视为图书馆的美育功能。

最后，德育功能。德育即以品德塑造为主的育人行为，一般集中在价值观构建与行为习惯养成等层面。图书馆德育功能的发挥通常以严密的管理制度及正面的标语设置等途径为支撑,其中管理制度包括门禁系统、借阅流程、书籍保护要求与馆内纪律要求等;标语设置范围则包括馆内展板、名人名言画像、走廊碑刻等。通过此类兼具抽象与具象形式的道德引导行为,学生既能够在制度的约束作用下形成正确的潜意识思想道德框架,也能够在价值观引导作用下审视自身不足,图书馆德育功能由此得以发挥。

二、高校图书馆物质文化育人的现状分析

(一)基础设施建设不足,制约育人功能发挥

从当前高校图书馆的基础设施建设情况来看,资源投入不足、难以跟进实际需求等情况仍普遍存在,主要体现在以下几个方面。第一,专业设备上,阅览桌、借书台及计算机查询设备均需要做好科学的投入建设与规划,部分高校由于缺乏重视,存在随意分配的情况,导致供不应求等现象时有发生。第二,宣传展品上,宣传标语的筛选与设计、文化育人氛围的塑造与覆盖等因素均在很大程度上体现着图书馆的人文特点,但这一板块也时常在高校图书馆管理过程中受到忽略,致使文化育人的内核难以得到有效凸显。第三,其他设施上,图书馆内一般需要配备饮水机、风扇或空调等基本生活服务设施,部分高校图书馆存在设施添置不足或未及时维修老旧设施等情况,直接影响着学生入馆内学习的动力。

总而言之,高校图书馆基础设施建设不足,一方面难以为学生入馆学习提供有效的支持和保障;另一方面容易导致各种规则管制方案无法有效落实,借阅流程混乱等问题也容易随之发生。这不利于图书馆物质文化的有效发挥,从而降低了学生学习的实效性。可见,加强基础设施建设可作为优化物质文化育人功能的一大方向,为图书馆育人功能的进一步发挥提供更为广阔的渠道。

(二)馆藏资源分布不均,文献共享效应受限

从当前高校图书馆的馆藏资源分布情况来看,类别混乱、配置不全的现象较为突出,师生的不同需求难以均衡满足。例如,不同高校的专业设置情况不同,部分高校在引入图书资源时,更侧重于热门专业类别,对于部分冷门专业缺乏足够重视,致使具有专业知识查询需求的学生无法得以满足。另外,在不同书籍的分类与摆放中,布局的合理性也密切关系着取用效率,部分高校图书馆在设计使用区域时未兼顾学生使用习惯与类别分布,或存在随意摆放的问题,导致学生取阅困难,文献的共享价值也难以彻底发挥。馆藏资源配置与实际需求不匹配,一方面容易使学生的学习热情下滑,影响自主学习效率,不利于提升其学习效果;另一方面则直接影响着图书馆空

间布局的合理性，混乱的资源分布状况容易于无形间给学生造成"无序性"引导，降低学生的馆藏资源搜索效率，不利于图书馆文献共享功能的发挥。此外，高校图书馆馆藏资源与学科建设所需支持的匹配度不足，这主要体现为图书馆馆藏资源的学术特色不足，缺乏具有前瞻性的学科发展内容，学术期刊类别少、刊期旧、数据库建设不足等问题的出现，都在一定程度上影响了高校的学科建设，也难以让图书馆馆藏资源真正发挥学科育人的教学使命。

（三）缺乏现代管理理念，人性服务意识缺失

从当前高校图书馆的管理理念来看，大多仍延续着长期以来形成的固化意识，现代性、科学性特质仍相对薄弱，一些人性化服务板块也难以落实，整体模式趋于被动化。例如，在管理制度的建设上，高校图书馆大多以出台硬性的管理条例为主，缺乏人文要素，文化育人的核心价值无法注入其中，面向学生的引导契机就此流失，加上革新频率偏低，管理内容大多停留在很久之前的适用范围，不利于当下管理工作的开展。同时，由于缺乏主动管理意识，部分高校图书馆针对噪声管控、光源调节方面的服务细节未做到积极处理，阅读环境难以得到本质优化。这一方面不利于阅读环境的有效构建，学生难以在浓厚的图书馆学习氛围中实现学习和成长；另一方面在被动且僵化的服务管理下，学生获得的人文艺术感知体验有限，不利于发挥图书馆的智育和美育功能。此外，管理松散的状态容易催生各类违规借阅行为，如长期借书不归还等，不利于大学生道德水平的提升。

（四）专职人才队伍欠缺，师生互动流程匮乏

从当前高校图书馆的人才队伍建设情况来看，专业化程度不高、岗位设置混乱等问题较为突出，加上图书馆与学生之间缺乏必要的互动流程设置，导致人为性因素在育人过程当中可发挥的价值有限，不利于培育效能的提升。例如，部分高校的图书馆管理员为其他专业课程教师兼任，或招纳学生日常兼职，并无系统的培训流程，且缺乏专职的人员指导与把控，导致管理职能无法有效发挥，同样也无法与学生通过有效互动建立起积极的沟通关系。缺乏专职的图书馆人才队伍作为支撑，对图书馆育人功能的发挥产生了不利影响。首先，由于人为引导力量的流失，图书馆物质文化对于学生精神建设的正向影响被削弱，不利于学生学业水平的提升。其次，图书馆管理人才在日常维护工作中表现出的专业性与严谨性直接影响着学生对于图书馆章程践行的认知，图书馆工作人员专业化程度不高的状态容易形成负面的导向作用，这对大学生的图书馆学习造成了阻碍。

三、高校图书馆物质文化育人功能的主要优化路径

（一）完善基础设施建设，优化空间布局设计

图书馆作为高校重要的物质文化，所面向的主体为学生群体，在基础设施建设过程中也应始终围绕这一主体，强调以服务质量带动育人质量，同时推动校内物质文化建设价值的进一步增长。首先，在空间布局的设计上，应当充分遵循科学化标准，紧密结合学生在图书馆内学习的实际需求，以现代化技术为载体，做好基本规划并定期查漏补缺，顺应时代发展趋势不断加以完善。其次，可通过面向学生群体展开基础设施满意度调查，为需要优化的配套设施做出参考，如安全方面的门禁系统升级、生活方面的物品添置（饮水机、绿植等）、舒适度方面的温度调节设备（风扇、空调等）、照明设备（采光、灯照等），均可作为基础建设重点，用于促进图书馆物质文化育人价值的进一步提升。最后，高校可结合自身办学重点及治学方向，将校规校训、名言警句等内容制作为标语，纳入基础设施体系当中，在重塑物质文化氛围的同时也能够发挥一定的导向作用，从而达到提升图书馆物质文化内在价值的目的。

（二）发挥资源共享功能，强化文献资源配置

图书馆的核心资源为书籍，书籍资源的配置管理工作在很大程度上决定着其最终的共享价值，因此需要结合各方面要素对此进行科学调配，最大限度地满足学生的取阅需求。首先，在书籍引入环节，图书馆应综合考虑校内所有开设专业的资料供应需求，即便对于人数偏少的冷门专业，也需要与专业教师做好对接工作，确保引进书籍能够满足学生的日常查阅需求。其次，在设计资源分布区域时，应注意结合学生的取用习惯，同时配备计算机检索设备，方便学生快速查找所需书籍文献，在提升效率的同时推动资源共享功能升级。在此基础上，结合现代化发展趋势，可考虑采用"纸质书籍＋电子书籍"相结合的模式来增加资源利用渠道，为物质文化育人工作奠定扎实的材料基础，使得图书馆资源结构趋于合理化，使之更贴合当代大学生的阅读习惯。例如，可进一步推动现代网络技术在高校图书馆物质文化建设当中的落实应用，通过打造"数字图书馆"等形式来完成线下书籍资源的再复制，通过电子扫描或电子录入等形式将文本书籍内容上传至网络平台，学生可以在输入学号信息及密码的状态下进行线上借阅，在提高取用效率的同时进一步升级馆内资源共享价值，直接打破空间、时间限制，促使图书馆物质育人功能随之得以强化。总之，基于图书馆的物质文化特质，只有当资源共享渠道得以拓宽后，其育人价值才能够得到本质发挥，这就

需要在后期发展建设过程中将此作为重点建设项目,以文献资源的良好配置带动整体物质文化育人框架的全面升级。

(三)推行人性服务机制,提升文化管理效能

要从根源上转变高校图书馆管理模式的被动地位,促使文化管理效能直接作用于物质文化育人体系当中,就应积极将人性化管理服务模式引至图书馆管理实践体系中,从而全方位推动文化管理效能的根本提升。首先,融合时代发展要素,建立现代化服务管理机制,内容涵盖馆内行为管理条例、书籍借阅流程、定期升级维护馆内设施的规章制度等,同时面向学生展开服务需求调查,并将调查结果引入后续完善的参考条件当中,使人性化服务管理理念由此得以凸显。其次,在常规运行基础上,可开设"推荐阅读""课程导向"等附加功能,通过强化自身服务功能来达成提升育人效果的目的,使学生能够在有规划、有部署的引导章程下快速摸清自主学习方向,实现智力开发、审美能力开发、道德素养开发的多重目的。另外,在制度细则设置上也应注入人性化要素,充分强调以德育人理念,利用培训教育服务等环节来做好面向学生的约束与管理工作,如定期开展关于文化道德修养建设的培训与考核,强调自我教育、自我监管的重要性,使自律意识充分渗透于学生的认知当中。最后,图书馆作为文化服务类机构,可从提升服务质量的角度推进文化管理效能提升,如主动针对噪声管控、光源调节方面的服务细节进行完善,优化学生在馆内的学习体验,进一步迎合育人需求。

(四)组建现代人才队伍,强调沟通互动原则

高校图书馆人才队伍在物质文化育人工作中发挥着重要作用,可作为后期优化建设的一大突破点,通过建设现代化、专业化的人才队伍,来支撑各项工作的有效落实,最终带动整体育人质量的提升。首先,基于高校图书馆日常管理需求,严格规划设置相关岗位,由经过专业教育及系统培训的专职人才做好把关工作,面向全体全职或兼职员工做好职业道德、工作内容及注意事项等教育培训工作,防止因认知有误或缺乏操守而导致管理效应下滑现象的出现。其次,强调"以人为本"的导向原则,建立起图书馆工作人员与学生之间的有机沟通渠道,用于信息告知、学习引导、现状调查、成效反馈等,这样在拉近相互之间关系的同时,也有利于增强学生对图书馆的归属感,进而使之形成更强烈的自主学习意识。在实际互动关系建设过程当中,需要主动摒弃书面化、形式化套路,如沟通工作不能仅仅停留于问卷调查等层次,而应深入挖掘"是什么""为什么"等本质要素,以便于后期做出针对性的优化。例如,在进行

主题为"你认为制约你到图书馆看书的原因是什么?"的调查活动时,管理人员可在问卷调查基础上抽样进行一对一对话,找出学生的意见或诉求所在,用作后续优化改革参考,从而与学生构建"图书馆服务共同体"关系,这样有助于育人工作的深化开展。最后,打造适应高校学科发展的学科馆员服务体系。一方面,学科馆员应深入学科专业领域,强化对学科理论知识、结构体系、学科现状、学术研究成果及未来发展趋势等方面的研究,以便于更好地为学科建设提供多维度、全面化的信息和内容,推动高校重点学科建设。另一方面,强化学科馆员的信息技术处理能力,提高其媒介素养。学科馆员应具备较强的感知能力和前瞻能力,并运用信息化手段来进行学科知识和信息的获取、加工,从而打造系统化、智能化的学科知识体系,为高校学科建设注入力量。

综上所述,高校图书馆作为校园物质文化的重要构成部分,关系着高校整体文化育人功能的有序运转,对大学生的智育、德育、美育等多方面产生着决定性的影响。因此,高校在后续物质文化育人工程建设中,应当持续关注图书馆建设、管理及运行的动态发展趋势,并紧密结合时代发展进程及学生的实际诉求,对现存的问题进行有效改进,真正将高校图书馆的物质文化育人功能发挥至最大化。

第二节 "三全育人"与图书馆校园文化建设

高校图书馆具有文化资源、文化服务优势,在校园文化建设方面担负着重要职责。高校图书馆是校园文化建设的主阵地,要围绕"三全育人"理念,建立健全服务机制,塑造良好的校园文化环境。本节在分析"三全育人"的理念、内涵与意义的基础上,介绍了高校图书馆参与校园文化建设的职能,构建了"三全育人"理念与高校图书馆服务相结合的模式,指出高校图书馆参与校园文化建设的路径。

校园文化是校园价值观的外在表现,包括物资、制度、精神三个层面的内容。高校是培养人才的场所,在社会精神文明建设方面发挥着重要作用。高校理应强化校园文化建设,通过开展学习、科研、社会实践等多方面的活动,逐步形成引导全体师生的道德标准和行为准则,形成良好的校园文化氛围。所谓"三全育人",是指将全过程、全员、全方位育人相结合。2018年,教育部委托部分高校开展"三全育人"综合改革试点工作。目前国内高校有关"三全育人"的研究,以高校的德育模式、辅导员角色定位等为主,实践应用层面涉及较少。作为辅助高校教学科研的服务机构及校园文化建设与传播的基地，高校图书馆以"三全育人"理念为指导，积极参与到校园文化建设中，建立德智体美一体化的育人模式，能够更好地满足学生全面发展的需求，为新时代高校图书馆服务模式创新奠定基础。

一、"三全育人"的理念、内涵与意义分析

（一）"三全育人"的理念

随着社会的发展和文明的进步，高校在社会精神文明方面发挥的作用日益显著，承担的社会职能也更加多样。但培养品德优良、专业能力过硬的人才是高校的根本任务，建立全程、全方位、全员育人机制是必然要求。习近平总书记在全国高校思想政治工作会议上，强调要将立德树人作为核心，以全过程、全方位、全员育人方式，开创高等教育发展新局面。"三全育人"的"全"，在于要求全员参与，将育人贯穿于教学全过程，将立德树人与课上课下、线上线下结合起来，形成全校教育工作一盘棋。该理念为高校开展思想政治工作指明了方向，要求高校强化不同部门、不同环节的关联，对思政教育工作进行深入剖析，形成多方合力，切实担负起培养社会主义接班人的神圣使命。

（二）"三全育人"的内涵

育人是复杂而系统的工程，需要注重每一个细节，在全过程中尽心尽责，从道德修养、文化知识等多个层面切实保障教育质量。因此全过程育人，就要求从学生入学到毕业的全过程，教育活动贯穿始终，以春风化雨的关怀，帮助学生树立正确的人生观、价值观。全方位育人则是注重教育内容的全面性，不仅传授专业知识，培养学生的专业基础、专业发展能力等，也要开展实验实训、社会实践等活动，提高学生的实践能力，更需要将学校教育、家庭教育、社会教育结合起来，建立三位一体的教育体系。全员育人则是高校全体教职工都要参与，从科研、管理、教学等多个角度培养高素质人才。

（三）"三全育人"的意义

近年来我国大力推进文化强国战略，大力弘扬优秀传统文化，全面提高国家软实力。国务院颁布的《关于实施中华优秀传统文化传承发展工程的意见》中，明确提出要围绕立德树人根本任务，把中华优秀传统文化融入不同的教育领域、环节中。如今在社会经济高速发展、物质生活不断丰富的同时，很多人感到精神生活的空虚，导致信仰缺失、崇洋媚外等社会问题。"三全育人"理念的提出，给当下的教育工作提供了

指导,也要求各级教育机构切实履行立德树人的职责,以优秀传统文化为载体唱响时代主旋律,凝聚多方合力为社会主义建设做出更大的贡献。

二、"三全育人"理念下高校图书馆参与校园文化建设的职能

（一）履行文化育人职能

我国社会主义进入新时代,对教育和文化服务事业提出了更高的要求,打造文化大国离不开立德树人工作,要求各级文化服务机构遵循"三全育人"理念,为实现民族复兴提供有力支撑。校园文化是社会主义文化的构成部分,是高校的灵魂,是培养高素质人才的要素。在高校大力开展思想政治教育和文化知识教育过程中,高校图书馆也需要参与其中,以高度的文化自觉,从物质、精神、制度文化三个层面,营造良好的文化育人环境。高校图书馆要发挥自身资源和服务优势,建立科学的内部管理制度,传承优秀文化资源,启发读者心灵,引导广大用户做社会主义核心价值观的追随者,切实体现文化育人的价值。此外,高校图书馆要积极改善内外部人文环境,营造良好的阅览氛围,发挥服务环境润物细无声的作用。

（二）履行情报服务职能

为用户提供情报服务,是图书馆永恒的主题。移动互联网技术的高速发展,使得信息传播速度更快,获取方式更为便捷,用户更加注重沟通、交互和共享,对信息服务有了更高层次的需求。高校图书馆作为文献资源中心,不仅要做好文献资源的整合存储工作,也要收集最新学科信息、学术成果、技术成就等,为教学科研提供高质量的服务,履行情报服务职能。高校图书馆要以读者需求为导向,建立特色文献收藏体系,为师生增长智慧提供必要的资源储备。同时高校图书馆要明确自身在校园文化建设方面的定位,坚持"三全育人"理念,结合实际健全服务体系,明确不同岗位的职责,做好馆员业务素质培训工作,要求馆员关注校内外动态,及时学习新知识、新经验,精通信息技术和业务知识,保障各项业务有效运作,以优质的服务帮助用户培养好习惯、好品质。

（三）履行素质教育职能

高校图书馆主要为本校师生提供各类文献资料,结合教学科研需求,开展形式多样的文化活动,被称作师生提高素质的"第二课堂"。在互联网技术日新月异的时代,平板电脑、智能手机等智能设备改变了我们的生活和工作方式,对信息环境的理解能力和对信息的利用能力,成为衡量个人素质的重要标准。高校图书馆要履行校园文

化建设的职能，有必要开展信息素质教育工作，对用户进行信息技能、思想品德等方面的教育，启发用户的信息意识，提高用户的信息道德，帮助他们更好地开展信息检索等活动。同时高校图书馆可以与本校教师合作，根据需求开设文献检索、学术讲座等课程，辅助学生全面提高信息素养。

三、"三全育人"理念与高校图书馆服务相结合的模式

（一）全程育人维度的服务

高校图书馆依托专业的信息服务团队，针对不同类型、不同学科、不同年龄段用户的需求，制订针对性的服务方案，嵌入用户学习生活情境中，开展全过程的信息服务。针对高校学生，图书馆馆员可以与教务处、学生会等合作，为新生提供认知教育相关的服务，帮助他们更好地适应大学生活。对于高年级的学生，高校图书馆可以为他们提供选修课指导，帮助他们做好学习规划，组织开展图书展、学术讲座等实践活动。对于即将毕业的学生，高校图书馆可以为他们提供就业指导，帮助分析就业方面存在的问题，引导他们树立正确的择业观。对于科研人员，可以嵌入科研全过程中，为用户提供文献检索、信息咨询、科技查新等服务。

（二）全方位育人维度的服务

高校图书馆要注重提高服务的丰富性、全面性，不仅通过开展多样化的文化活动，营造良好的文化氛围，积极为校园文化建设出谋划策，也要注重从德育、体美、双创等角度，开展针对性的服务。其中德育服务的实施，是由图书馆馆员收集德育相关的教育资源，为高校开展思想品德教育提供资源支持。体美教育则是与美术学院、体育学院等部门合作，共同开展相关的教育活动。双创服务则是结合创新创业服务需求，结合高校学科建设特点，与高校各部门协作开展双创教育活动，培养大学生的创新创业能力。智慧教育是充分利用人工智能、大数据等技术，打造智慧化的图书馆服务空间，满足用户深层次的知识服务需求。

（三）全员育人维度的服务

高校图书馆参与校园文化建设，不仅要发挥图书馆馆员的作用，也要调动广大师生、科研人员、志愿者的积极性，或者寻求更多社会组织的支持，进一步扩大服务范围，提高服务的影响力。一方面，高校图书馆要与高校教师沟通合作，了解他们的教学需求，及时为教师提供必要的文献资源，发挥间接服务育人的作用。另一方面，高校图书馆要全面了解高校学生的需求，大学生作为图书馆的主要服务对象，要掌握他

们的阅读习惯和心理特点，以针对性的服务发挥直接教育育人的作用。此外，高校图书馆要与高校管理人员合作，共同制定科学的管理规章，辅助高校做好管理工作。高校图书馆各部门之间也需要相互协作，共同承担引导用户"德、智、体、美"全面发展的职责。

四、"三全育人"理念下高校图书馆参与校园文化建设的路径

面对日益严峻的高校体制机制改革，面对高校校园文化建设的新需求，高校图书馆要明确定位，切实履行职责，从完善基础设施、强化环境营造、提高管理水平等角度，保障高校校园文化建设顺利推进。

（一）完善基础设施设备

高校图书馆配备和完善基础设施设备，优化馆藏结构，对阅览空间进行科学规划，提高信息服务水平，可以为开展丰富多彩的文化活动提供支持。首先，高校图书馆要建立完善的信息资源库，收藏不同领域、不同学科的文献资料，如历史、哲学、艺术等方面的专著，建立专业数据库，满足广大用户的阅读需求。其次，高校图书馆要合理布置阅览场所，保障内部硬件设施的舒适性，保障空间设计的美观性，保障采光通风良好、宽敞明亮、文化气息浓厚。此外，高校图书馆可以配置电子阅览设备，利用先进信息技术提高系统服务性能，鼓励学生依托互联网看书学习，促进校园文化与网络文化的碰撞与交融。

（二）强化环境氛围营造

要想打造高品质的校园文化，不仅需要高校图书馆做好基础设施建设工作，也需要高校图书馆强化环境氛围营造，让馆内空间达到幽雅、安静、舒适的状态，让读者能够静下心来阅读，让更多的用户感受到愉悦，收获到知识。高校图书馆可以借助书画、艺术品、绿植等，对内部空间进行布置，使其更加整洁、美观，让人一进图书馆就可以感受到文化气息，就能产生赏心悦目的感觉。在内部环境设计方面，要根据不同服务区域的特点，选择合适的墙面装饰，对设施设备和灯具等进行布置，营造有利于学习的氛围。在外部环境营造方面，高校图书馆要根据本校教学和生活需求，合理选择场馆地址，确保场馆建设符合国家标准，并根据本地区的气候特点选择绿化植被。

（三）提高管理服务水平

制度文化是校园文化的重要部分，高校建立合理的规章制度，对馆员和用户的行为进行规范，引导用户树立正确的价值观，这是推进校园文化建设的必要措施。高校

图书馆有必要强化馆员素质培养工作，通过业务督导和培训，激励馆员提高业务能力，切实提高服务质量。例如，黄河科技学院图书馆制定了图书馆制度汇编，包括行政管理制度、部门岗位职责、读者手册等多方面的内容，为开展管理工作提供了指导。同时高校图书馆参与校园文化建设，涉及高校师生、社会人士等众多主体，要想保障参与效果，需要促进不同主体之间的交流互动，提高彼此之间的默契程度，形成相互制约、相互影响的关系。

校园文化是一种文化积淀、象征与传承，是体现高校特色必不可少的内容。校园文化建设是系统性工程，需要各方参与，也需要持之以恒和科学部署。高校图书馆要根据本校实际，挖掘自身资源和服务潜力，积极组织开展丰富多彩的文化服务活动，弘扬中华优秀传统文化，丰富校园文化的内涵，满足广大用户的精神文化需求，打造更加健康、积极的高校人才培养环境。

第三节 高校图书馆的资源价值挖掘

文化作为与"社会人"相伴而生的存在，在历史的更迭中承袭、丰富，同时也遭遇断裂和遗失。高校图书馆是信息资源较为集中的机构，不仅肩负着信息服务职能，更为重要的是教育职能，所以，高校图书馆有责任充分挖掘信息资源的价值。作为高等学校的重要教学辅助机构，图书馆投身文化教育工作不是可有可无的，而是必须奋起行之的。

一、书院文化与图书馆的文化育人

古代书院与学术的一体化，始于宋代理学和书院的结合。书院传承"以文化人"的精神内核，将德行教育和知识教育相结合，坚持德育首位，首先注重道德修养、尊师重道，教授他人明白做人、践行做人的道理。直至今日，图书馆仍旧重视以文育人的重要作用，并将媒体资源进行整合，保证资源文化价值的最大化利用。

高校图书馆同样肩负着信息服务和教育服务的双项职能，我们需要在保证知识高效便捷传递的同时，提高文化引导和传播的能力。当然，面对新的交流方式、信息提供渠道和文化表达可能带来的严峻挑战，高校图书馆有义务确保高校信息资源在文化层面的可告知性，这对高校图书馆也是一项挑战。

二、高校图书馆资源利用的现状

纸本信息资源闲置。高校图书馆每年都在进行书籍和期刊的采购，保证新资源的持续输入，确保其数量与在校生数量的平衡。但是，由于纸本书籍和专业期刊阅读者少、研究者寡、借阅率低等，近些年此类资源多被读者忽视。毕业论文是高校图书馆另一重要的信息资源，其利用现状同样不容乐观。一些原本具有时新性和创造性的研究成果变成了研究资料，错过了成果转化的最佳机会，这是资源的严重浪费。最好是能够根据学科体系和知识框架对毕业论文进行系统化管理的情况，将最新研究成果进行有效转化。

电子信息资源价值挖掘不足。据统计，近年来高校图书馆资源利用率相对较高的部分是电子数据库资源，数据库是高校师生获取科研教学信息的重要渠道。但由于不少数据库的使用可以完全脱离图书馆的物理空间，导致数据库资源与图书馆服务出现一定程度的脱节。不可否认电子信息资源在查找、读取及保存等方面的便捷性优势，这种改革是文化习惯沿袭过程中的必经过程。高校图书馆可以尝试建立信息社区等方式，让学生和教师参与图书馆信息资源建设，提高图书馆信息资源的流动速度，将单一揭示逐步向挖掘式整合转型。

信息资源的局限性利用。学术信息资源的利用往往与撰写毕业论文、发表期刊论文或专著等相关联，少有读者因单纯学术研究而进行学术资源读取。此时，学术信息资源退化为一种知识工具，单纯地成为学术研究的理论支撑。高校图书馆需要改变闭门式的管理和发展思路，积极有效地参与学术信息资源的建设和再利用，以用户为中心，整合信息资源，充分挖掘其文化价值，促进读者与资源管理的融合与互动。

三、高校图书馆信息资源与文化育人的思考

高校图书馆信息资源是积累"文化资本"的精神源泉。法国社会学家 Bourdieu（1986）在《资本的形式》一书中提出并阐述了文化资本理论。他认为文化资本存在三种表现形式：身体化的文化资本（内含文化资本：人的精神和关系形式）、物质化的文化资本（文学、艺术作品和图书情况等）、制度化的文化资本（教育程度、资格证书、管理制度等）。文化资本概念出现后，在教育学和社会学领域得到深入研究。图书作为物质文化资本的一种，其存在本身就是文化价值的存在。然而，文化不应该仅仅是某种固化的资本，它应该凝结在人们日常的思想和行为中，成为某种潜意识的存在，这样，才能达到文化育人的目的，才能使文化真正成为一种资本。

高等教育对学生的教育不仅仅是科学知识和技能的传授，更为深远的影响是人

格培育、文化熏陶。而阅读则是育人的重要方式，阅读使人尚业、勤思、多智、行端。日趋丰富的资源媒体平台使得高校图书馆在文化资本积累和文化育人方面更具优势。电子学术资源为读者提供了自主选择资源的权利。电子资源的最大优势在于读取便捷，在知识爆炸的网络环境中，快速找到有效资源成为人们的迫切需要。所以，秉承"以读者为中心"的高校图书馆需要为学生搭建更为丰富和便捷的资源平台，让读者随时可以查询资料，准确找到自己需要的资源，为文化培育和知识传递扫清障碍，为精神文化的传播提供便捷的渠道。

图书馆信息资源是提升高校核心竞争力的保障。一所大学的竞争力是一个系统，由制度、人才和文化等有机组合而成，一个大学的核心竞争力是在历史的发展演变过程中经过长期的培育、积淀而成的，它孕育于大学文化，并深深地融合在大学的内质之中。人才的培养和文化的形成是高校核心竞争力的重要内容，图书馆能够为其提供相对丰富且充足的信息资源，辅助高校教师进行科学研究和各项教学工作。同时，图书馆秉承"授之以鱼不如授之以渔"的思想理念，有计划地开展用户教育，如专家讲座、主题学生活动等，其目的是要让学生形成阅读意识、培养学生的阅读习惯，引导学生重视文化的价值，为自己不断积累知识能力和文化资本。

图书馆信息资源的文化挖掘与高校核心竞争力，两者都是需要通过不断的积累和沉淀形成的。图书馆信息资源和学校核心竞争力的相互作用不是某一部门可以完成的，学校各部门都有责任参与到信息资源文化建设中。学校制定相关规范守则、学术交流活动等都能对师生的文化意识进行有效引导，提高文化自觉。

图书馆信息资源是图书馆文化品牌形成的推动力。随着信息技术的发展，图书馆所拥有的资源优势已不明显，图书馆需要不断拓展信息服务的维度，创新服务内容和方式，以增加读者和用户的服务体验感和便捷度，形成独特的文化品牌价值。图书馆文化品牌的内容包括馆内环境及布局、制度、信息资源、服务理念及能力、技术保障和馆员职业精神等。其中，图书馆的信息资源是文化品牌形成的推动力。

图书馆的文化在个体与个体之间相互影响，并通过长时间的作用对外界形成某种固定的形象化记忆。此时，文化便成为一种特殊符号，具有独特的内涵价值。这种独特的文化符号和价值是通过图书馆的服务呈现的，而服务质量的推动力就是信息资源，资源整合程度越高，可提供的服务就越具体，用户的体验感越好。图书馆的信息资源与读者之间通过图书馆提供的服务产生关联，图书馆的特色服务是体现文化价值的最直接载体。

因此，高校图书馆要围绕用户的信息资源的需要进行文化品牌的构建，使理念真正渗透到用户服务中,让高校图书馆的每一项服务都使用户体验到文化的内涵价值。无论是制度建设、服务程序设置或新技术手段的应用都要以读者为中心,使读者易于理解和操作。只有这样,高校图书馆的文化品牌才能真正做到落地生根,资源助力服务,文化提升内涵。

高校图书馆的信息资源建设以理性为指导,紧紧围绕学校的科研教学工作,而文化则是深入人心的一剂良药,能够将为人之礼、行事之道潜移默化地植入学生的价值理念中,为学生走入社会储备文化资本,提高竞争力。以图书馆信息资源为基础的文化建设将不断为学校的核心竞争力的提升及图书馆自身品牌建设助力,成为高校文化教育的重要组成部分。

第四节 文化育人服务体系

服务是图书馆永恒的功能,离开了服务,图书馆就失去了存在的价值。文化育人服务是高校图书馆的一种服务,是高校图书馆履行教育职责的方式之一,是高校图书馆文化建设的内容之一。从广义上来讲,高校图书馆的所有服务都可以称为文化育人服务。狭义上的文化育人服务是以图书馆精神文化、制度文化、环境文化以及资源文化等文化为载体的,旨在建设积极向上的校园文化,以教育和引导学生树立健康向上的精神风貌为目标的延伸服务。因此,高校文化育人服务以高校教学目标为出发点,在藏书、管理、服务等各环节都要关注高校教学目标的实现,利用图书馆的力量潜移默化地影响学生,对学生进行文化教育。分析高校图书馆开展文化育人服务的优势,探讨高校图书馆文化育人的架构,并对高校图书馆文化育人实施策略进行分析,以期为我国高校图书馆提供一些有益的参考。

一、高校图书馆开展文化育人的优势

作为学生自我教育与自我提升的重要场所,高校图书馆在学生的文化教育中扮演着重要的角色。高校图书馆开展文化育人服务,并不是要求高校图书馆像课堂那样自上而下对学生进行讲授,而是要通过环境、资源、服务等条件对学生文化水平的提升产生潜移默化的影响。总的来说,高校图书馆开展文化育人服务具有独特的优势。具体表现在高校图书馆具有明确的文化服务目标,高校图书馆保留了人类最优秀的文化成果,高校图书馆可以对学生产生潜移默化的文化影响,高校图书馆文化育人方式更容易让人接受,高校图书馆对学生产生的影响更加深刻。

(一)高校图书馆具有明确的文化服务目标

高校图书馆是学校的教辅机构,肩负着为学校教学和科研服务的双重任务。因此,高校图书馆的服务以学校的教学目标和教学任务为前提,其服务都是围绕着这些目标和任务展开的。从这一点上看,高校图书馆的文化育人服务具有非常明确的服务目标,其服务更加具有针对性。以高校图书馆为例,《普通高等高校图书馆规程(修订)》中明确指出,高等高校图书馆必须贯彻国家的教育方针,履行教育职能和信息服务职能,以培养德、智、体、美等全面发展的人才为目标,发展教育科学文化事业,建设社会主义物质文明和精神文明服务。高校的教育目标为高校图书馆文化服务提供了依据,让高校图书馆文化育人更具有针对性,也为文化育人机制的建立奠定了基础。

(二)高校图书馆保留了人类最优秀的文化成果

图书馆是高校的信息中心,是高校文化的灵魂。作为文化知识和信息的聚集地,高校图书馆不仅承担着保存人类优秀文化成果的重任,也承担着为高校教学和科研服务的使命。优秀的文化成果为图书馆文化育人服务奠定了资源基础,高校图书馆可以借助馆藏资源开展一系列文化育人活动,让学生在活动中感悟文化的魅力,陶冶自己的情操,并获得精神的成长。例如,高校图书馆收藏了一批中华民族经典文化著作,图书馆可以深入挖掘这些文献资源的价值,以这些文献为依托,举办经典诵读或者是经典阅读征文比赛,让学生在参与活动中获得更多具体的感悟。此外,高校图书馆还可以依托馆藏举办各种展览,潜移默化地对学生进行文化熏陶。

(三)高校图书馆对学生产生潜移默化的文化影响

在高校教育中,课堂是学生学习的第一方式。但是,课堂教育以讲授为主,主要是利用自上而下的方式由教师将知识点教给学生,学生被动地接受教师讲授的知识。与课堂教育不同,图书馆的文化教育并不是直接向学生施教,而是通过馆内的资源、环境、服务、管理等进行无形的引导,潜移默化地将知识和有关道德及审美的经验渗透到图书馆的一切资源当中,让学生可以身临其境地用自己的感受和经验去学习这些文化知识。此外,高校图书馆可以通过举办多种文化活动引导学生树立正确的人生观和价值观,学生在参与活动中依靠自己的感悟和判断影响他们的人生观和价值观。

(四)高校图书馆的文化育人容易被学生接受

随着年龄的增长,学生的自我意识不断变强,其自尊心和平等心也越来越强烈。

自我意识的增强使学生在接受教育时更加关注自我，不喜欢被动地接受一些知识，而喜欢学习自己感兴趣的内容。和课堂教育不同，高校图书馆的育人功能的实现不是采取硬性灌输的方式，而是利用环境、资源、服务及管理等来实现，既不带有指令性，也不会对学生造成制约。在这样的环境下，图书馆更像是一个可以让学生自我实现并且自我放松的地方，学生可以在这样一个宽松、自由的环境中，学习自己感兴趣的内容，整个教育过程平等并且愉快。因此，图书馆宽松自由的环境有利于图书馆开展文化育人活动，其育人方式更容易让学生接受。

（五）高校图书馆对学生产生的影响更加深刻

对学生而言，图书馆是一个开放式的课堂，它打破了传统课堂固定时间和固定地点的局限，可以让学生在一个开放和灵活的空间中学习，有助于学生从按部就班的被动教育中走出来，依据自己的兴趣和爱好选择需要学习的内容。这种以学生为主的学习方式，体现了学生在教学中的主体地位，不仅有利于学生自我意识和自我个性的培养，还有助于激发学生主动学习的兴趣，提高学生探究和学习的能力。同时，由于高校图书馆的服务以志愿参加为前提，这对学生而言没什么强迫性，学生在使用高校图书馆时也没有什么心理负担，学生在参加活动的经验中感悟出来的想法更加深刻。再者，高校图书馆通过一系列活动启发和影响学生，这种极具亲和力的教育方式更加具有渗透力，对学生的影响也更加深刻和久远。

二、高校图书馆文化育人架构构建

高校图书馆拥有天然的优势条件，开展文化育人服务是其职责所在。高校图书馆在开展文化育人服务时需要遵从一定的原则，构建一定的文化服务架构。否则，文化育人服务只会流于形式，无法发挥它的真正价值。总的来说，高校图书馆文化育人服务架构包括三个方面的内容，分别是指导理论、服务团队及活动设计。

（一）高校图书馆文化育人的理论依据

挖掘文化育人的理论依据，为高校图书馆文化育人服务提供理论支撑，是高校图书馆文化育人服务的前提。只有拥有强有力的理论支持，文化育人服务才能够坚持正确的服务方向，获得更好的服务效果。高校图书馆可以从中国传统文化、教育理论及思想政治理论中寻找依据。我国传统文化强调"文以载道"，如唐代思想家韩愈提出："读文著书，歌颂尧舜之道。"柳宗元也提出："闻者以明道。"这说明在我国传统文化中，文章、文论及文学等都是文化的具体表现形式，它承载着伦理道德观念，可以达到育人的目的。我国提倡素质教育，要求高校在提高学生的科学文化素养的同时要注重学生综合能力的培养,从各个方面锻炼学生的能力,让学生的思想道德、身体健康、个性发展以及文化水平都能够得到发展。素质教育理念的提出,为文化育人提供了方向和依据。思想政治教育学认为,环境和情景对人的思想品德的形成和发展具有重要的影响。因此,高校和教师应该充分利用环境或情景隐蔽性和非强制性的特点,选择环境中的积极因素促进学生思想道德的培养,让学生产生积极健康的思想政治品德。无疑,图书馆就是这样一个良好的环境和情景。

(二)高校图书馆文化育人服务团队建设

开展文化育人服务离不开专业团队的支持。如果没有专业的服务馆员,文化育人服务的效果肯定不尽如人意。首先,在队伍成员的选择上,由于文化育人服务是一项面对学生的服务,所以在服务团队中既要有熟悉学生工作的教师进行把关和指导,也要有能够充分调动学生积极性的学生志愿者,让学生成为服务团队的主力军。此外,图书馆还应该邀请一些教育学和心理学专家作为服务团队的顾问,对服务过程中出现的问题给予专业的分析和解答,提高图书馆育人服务的专业性。其次,在团队组织结构和规章制度的建设上,要加强团队组织和规章的建设,这是文化育人服务的重要保证。如果没有建立好相关的组织结构和规章制度,在人事问题上容易出现纠纷,最终会对文化育人服务的顺利开展产生影响。最后,适当的团队评估能够保持团队活力。对文化育人服务团队的成员进行适当的约束和考评,可以有效地保证文化服务的水准和可持续性。

(三)高校图书馆文化育人活动设计

丰富多彩、形式多样的活动内容是文化育人服务能够获得成功的关键因素。高校图书馆在进行文化育人活动设计时,应该紧跟潮流,从学生的角度出发,设计一些符合"90后""00后"审美情趣的活动,利用一些生动活泼的活动吸引学生参加图书馆的文化育人活动。首先,高校图书馆可以从本馆馆藏特色出发,以图书馆特藏为基础,开展一系列文化育人活动。例如,高校图书馆可以推出某个作者的作品展,利用海报、展板及展架的形式,宣传作者的作品。其次,图书馆可以在深入调研学生文化需求和了解校园文化热点的基础上,结合高校相关部门的文化活动要求,举办一系列学生感兴趣的文化活动,如读书会、文化沙龙、畅销书作者见面会及经典电影展播等。最后,高校图书馆可以开办图书馆论坛,给予学生自由交流的平台,丰富学生的课余文化生活。图书馆还可以结合毕业季举办毕业活动,拉近毕业生与母校的距离,扩大图书馆服务理念的传播和影响力。

三、高校图书馆文化育人实施策略

文化育人是高校图书馆的核心服务之一,我国高校图书馆在文化育人上虽然取得了一定的成就,但是也存在一些不足。在今后的服务中,高校图书馆要加强文化体系建设,建立长效的文化育人体系,培养优秀的文化服务馆员。

(一)构建图书馆文化体系

文化体系的构建对图书馆文化建设和文化教育具有动力作用和导向作用,一个图书馆的文化价值观决定了图书馆文化服务的内容和导向,图书馆馆员的文化水平和文化追求直接影响着图书馆文化育人服务的效果。因此,高校图书馆要开展文化育人服务,构建健康向上的文化体系,营造良好的文化氛围,让学生在良好的文化氛围中滋养精神世界,增强学生对图书馆的依赖感和认同感。首先,高校图书馆要明确自身的服务宗旨,确定馆徽、吉祥物、馆训、服务标语以及服务制度等,加强馆内文化建设,让学生在潜移默化中感受图书馆以人为本的服务理念。其次,高校图书馆要注重馆内文化环境的建设,利用书画、植物及照片等对阅览区域进行布置,为学生提供一个温馨并且充满文化底蕴的阅读环境。最后,高校图书馆还要注重内部文化建设,利用培训、继续教育等方式提高馆员的文化底蕴。

(二)建设长效的文化育人体制

文化育人不是一蹴而就的,它不仅需要结合一些节日和重大事件进行即时性和突击式的施教,还需要一些日常性和常态化的文化教育。因此,高校图书馆要建立长效的文化育人机制,将文化育人与日常工作相结合,确保文化育人服务能够长久稳定地发展。如每年4月23日世界读书日期间,图书馆可以举办不同主题的"读书节"活动,通过精美书签设计大赛、图书馆吉祥物设计大赛、经典诵读比赛、有奖征文比赛以及辩论赛等形式,营造良好的阅读气氛,促进书香校园的建设。这种服务方式每年的服务主题不一定相同,但是保证了服务的延续性和常态化,充分发挥了图书馆在业务方面的连接性和聚合性强的优势,保证了服务的长效和稳定。高校图书馆要将文化育人服务纳入图书馆日常工作中,在书刊借阅、阅读推广活动中融入文化服务理念,将文化育人落实在图书馆工作和服务的细节中。

(三)培养优秀的文化服务馆员

图书馆馆员是图书馆文化的主要载体,他们不仅是图书馆的管理和服务人员,也是图书馆文化育人服务的教育者。高校图书馆馆员的文化水平和言行举止会直接影响学生的阅读品位和精神培养。因此,高校图书馆要加强馆员文化素质的培养,提高馆员文化育人的服务能力。高校图书馆可通过举办茶话会、文化沙龙、继续教育及讲座培训等方式,给馆员创造更多的文化交流机会。此外,除了参加图书馆组织的文化活动外,馆员也要加强自身的文化追求,通过各种渠道提高自身的文化修养,明确自己的责任,在现实中不迷失自己,择善而从。

高校图书馆文化育人是高校文化育人独特且不可缺少的部分,反映高校综合办学能力的一个方面。探讨高校图书馆文化育人服务体系和实施策略有助于高校图书馆改善服务,提高服务质量,有助于高校图书馆加强文化体系建设,促进馆员综合素质的提高,培养出优秀的文化服务馆员。

参考文献

[1] 屈义华. 阅读政策与图书馆阅读推广 [M]. 北京：朝华出版社，2020.

[2] 郭欣萍. 读书方法与图书馆阅读推广 [M]. 北京：朝华出版社，2020.

[3] 陈幼华. 高校图书馆阅读推广理论与方法 [M]. 北京：朝华出版社，2020.

[4] 黎云. 图书馆阅读推广理论与实践探究 [M]. 南昌：百花洲文艺出版社，2020.

[5] 缪建新. 志愿者与图书馆阅读推广 [M]. 北京：朝华出版社，2020.

[6] 李世娟，等. 国外图书馆阅读推广 [M]. 北京：朝华出版社，2020.

[7] 王余光，霍瑞娟. 大学图书馆阅读推广 [M]. 北京：朝华出版社，2017.

[8] 毕洪秋，王政. 真人图书馆与阅读推广 [M]. 北京：朝华出版社，2019.

[9] 腾和泰. 图书馆阅读推广与信息服务研究 [M]. 汕头：汕头大学出版社，2022.

[10] 陈燕琳. 新环境下公共图书馆的阅读推广 [M]. 长春：吉林人民出版社，2022.

[11] 顾玉青，赵俊玲. 社会资源与图书馆阅读推广 [M]. 北京：朝华出版社，2020.

[12] 王东亮. 智慧图书馆与阅读推广工作研究 [M]. 北京：中国国际广播出版社，2021.

[13] 李明. 高校图书馆阅读推广研究 [M]. 北京：朝华出版社，2019.

[14] 陶洁. 图书馆阅读推广与信息服务研究 [M]. 哈尔滨：哈尔滨出版社，2020.

[15] 李建明. 高校图书馆阅读推广与服务机制构建 [M]. 北京：航空工业出版社，2019.

[16] 吴佳丽. 高校图书馆阅读推广理论与实践研究 [M]. 延吉：延边大学出版社，2019.

[17] 王余光，霍瑞娟. 图书馆阅读推广基础理论 [M]. 北京：朝华出版社，2015.